Amerikanisch kochen

Lisa Shoemaker

◆

Amerikanisch kochen

Gerichte und ihre Geschichte

◆

Verlag Die Werkstatt · Edition d i á

Die Autorin

Lisa Shoemaker lebt als freie Autorin und Über-setzerin in Berlin und gibt Kochkurse für Ju-gendliche. Als Tochter eines Amerikaners und einer Deutschen wuchs sie kulinarisch quasi zwischen Hamburgern und Semmelknödeln auf. Im Gerstenberg-Verlag veröffentlichte sie bereits »Let's Cook«, ein Kochbuch für Jugend-liche, und in der Werkstatt-Reihe »Gerichte und ihre Geschichte« das Buch »Englisch kochen«.

Bibliografische Information der Deutschen Bibliothek
Die Deutsche Bibliothek verzeichnet diese Publikation
in der Deutschen Nationalbibliografie; detaillierte
bibliografische Daten sind im Internet über
www.dnb.ddb.de abrufbar.

© 2009 Verlag Die Werkstatt GmbH
Lotzestraße 24a, D-37083 Göttingen
www.werkstatt-verlag.de
Dieses Buch erscheint in der Reihe
»Gerichte und ihre Geschichte«
der Edition diá (www.editiondia.de)
Alle Rechte vorbehalten

Titelfoto: Getty Images
Satz und Gestaltung: Verlag Die Werkstatt, Göttingen
Druck und Bindung: Westermann-Druck, Zwickau

ISBN 978-3-89533-654-6

Inhalt

Vom Wandel amerikanischer Esskulturen

Wer sich heute auf einer Reise in die USA über die amerikanische Esskultur vergangener Zeiten informieren möchte, hat dazu in verschiedenen *Living History Museums* Gelegenheit. Dort sind Bauernhöfe aus der Pionierzeit wiederaufgebaut und bieten Unterweisung in alten handwerklichen, land- und hauswirtschaftlichen Methoden, manchmal auch mit Verköstigung. Das koloniale Williamsburg und Plimoth Plantation sind auf diese Weise wiederauferstanden. Da hämmert dann ein Schmied auf einem alten Amboss, Deckchen werden auf historischen Webstühlen gewebt und Brote in Öfen geschoben – die entstandenen Produkte werden anschließend an die Touristen als Souvenir weiterverkauft. Und wenn auch die Rezepte sicherlich dem modernen Geschmack angepasst sind, zeugt es doch von einer pragmatisch-amerikanischen Einstellung, auf diese Weise das historische Erbe zu pflegen.

Die Besiedelung des Gebiets, auf dem später die Vereinigten Staaten von Amerika entstanden, begann in verschiedenen Regionen parallel. Abgesehen von den Spaniern im Westen des Kontinents waren es die Franzosen, die als Erste – ab 1604 – in Maine an der heutigen Grenze zu Kanada dauerhaft siedelten. Die erste angelsächsische Kolonie bildete 1607 Jamestown an der Chesapeake Bay in Virginia. Die Niederländer beanspruchten ab 1609 weiter nördlich Gebiete am Hudson.

Die vorrevolutionären Kolonien

Doch der Gründungsmythos der Vereinigten Staaten ist mit einer anderen Gruppe von Auswanderern verbunden, die wahrscheinlich aufgrund von schlechter Witterung nicht ganz freiwillig viel weiter nördlich an Land ging.

Gründungsmythos Mayflower

Darüber, ob die Mayflower nun ursprünglich die Segel gen Virginia oder den Hudson River gesetzt hatte, besteht Uneinigkeit. Tatsache ist jedoch, dass sie am 21. Dezember 1620 nahe Cape Cod im späteren Massachusetts vor Anker ging. Bis zu jenem Zeitpunkt hatten sich nur Fischer, Jäger und Abenteurer dorthin gewagt. Die Passagiere der Mayflower, eine Gruppe religiös Verfolgter, überwiegend Handwerker oder bürgerlicher Herkunft, waren für ein Überleben als Selbstversorger in einer unerschlossenen, unwirtlichen Gegend denkbar schlecht vorbereitet.

Squanto, der »edle Wilde« Viele überstanden den ersten Winter nicht. Und die, die nicht starben, überlebten wohl nur dank der Unterstützung eines »edlen Wilden« namens Squanto, so jedenfalls die verklärende Version, die amerikanischen Kindern im Geschichtsunterricht aufgetischt wird.

Dass die Siedler auf keinen nennenswerten indianischen Widerstand stießen, hat wohl weniger mit friedliebenden Absichten auf beiden Seiten zu tun als vielmehr damit, dass aus Europa eingeschleppte Krankheiten, insbesondere die Pocken, die Ureinwohner in Massen sterben ließen.

So war 1617 im Nordosten der heutigen USA die Mehrheit der einheimischen Bevölkerung einer Epidemie zum Opfer gefallen. Von den geschätzten 20 Millionen Indianern, die 1492 den nordamerikanischen Kontinent bevölkerten, waren 1650 nur noch etwa zwei Millionen übrig.

Das vorherrschende Bild der Europäer vom Indianer war das des primitiven, gelegentlich auch edlen Wilden, den es zu seinem eigenen Besten zu unterwerfen galt.

Doch zurück zu unserem »edlen Wilden« Squanto. Wie schon seine Leidensgenossin Pocahontas, deren Schicksal uns allen noch in der verkitschten Disney-Version vor Augen schwebt, war er von den Engländern als Souvenir nach Britannien verschleppt worden. Dort hatte er auch Englisch gelernt, wovon später die Passagiere der Mayflower profitierten.

Squanto zeigte den Siedlern, wie man die einheimischen Gemüsesorten Mais, Kürbis und Bohnen anbaute, die bis heute in der Küche Neuenglands eine wichtige Rolle spielen. Außerdem brachte er ihnen das Jagen und vor allem das Fischen bei. Die Fischrezepte der neuenglischen Küche sind legendär.

1655 vertrieben die Briten die Franzosen aus Acadia. 1664 beziehungsweise 1674 übernahmen sie auch die niederländischen Gebiete an der mittleren Atlantikküste, ohne jedoch die Bewohner zu vertreiben. Die Ostküste bis hinauf nach New Brunswick stand nun unter britischer Herrschaft.

Die ständig steigende Zahl der Siedler in diesem Gebiet kam überwiegend aus Mittel- und Nordeuropa, hauptsächlich aus Großbritannien, Deutschland, Frankreich, Schweden und den Niederlanden. Kulturell und kulinarisch dominierten die Briten die Region. Während die anderen Nationen von ihren Heimatländern abgeschnitten waren, standen diese im ständigen Austausch mit dem Mutterland.

Die Siedler passten sich schnell an, und schon zehn Jahre nach der Erstbesiedelung war die Nahrungsmittelversorgung organisiert. Auch hatte man inzwischen herausgefunden, welche europäischen Pflanzen in der Neuen Welt gediehen, sodass einheimische Zutaten zusammen mit europäischen verarbeitet werden konnten. Als Getreide für Brot standen den Neuengländern Roggen und Hafer zur Verfügung, die sie mit dem einheimischen Mais mischten. In den Staaten entlang der mittleren Atlantikküste gedieh auch Weizen. Die in Europa beliebten getrockneten Weinbeeren wurden durch die überall wild wachsenden Beeren ersetzt. Obst-

Kombination aus einheimischen und europäischen Zutaten

plantagen wurden angelegt und brachten innerhalb von 20 Jahren Erträge. Aus Afrika und der Karibik kamen Okras, Süßkartoffeln, Erdnüsse, Sesam. Für die Versorgung mit Fleisch war Wild sehr wichtig, das durch Fallenstellen und Jagd erbeutet wurde. Als domestiziertes Tier beherrschte das Schwein den Speiseplan, dessen Fleisch leicht zu konservieren war und das zudem das Schmalz zum Braten lieferte. Die Flüsse und Küsten waren voller Fische und Meeresfrüchte, die entsprechend reichlich genossen wurden.

Die Kundschafter, die sich nach Westen in die Wildnis begaben, führten Mehl mit sich und lebten vom Fleisch erbeuteter Tiere, über offenem Feuer gebraten, dazu in Bärenschmalz gebackene Maismehlfladen.

Das 19. Jahrhundert

Die Amerikaner gewannen ihren Unabhängigkeitskrieg, aber wie der Historiker Harvey Levenstein anmerkte:»Es mag den USA 1783 geglückt sein, die Briten aus dem Land zu werfen, die britische Küche waren sie aber noch lange nicht los.«

Die ersten amerikanischen
Kochbücher

1796 erschien das erste amerikanische Kochbuch *American Cookery* von Amelia Simmons. Alle zuvor in Amerika publizierten Kochbücher waren Reprints britischer Werke gewesen.

Auch Amelia Simmons bietet neben Gartentipps viele englische Rezepte, aber eben auch Anleitungen für *Indian Pudding* (Seite 216), *Pumpkin Pie* (Seite 236) und *Cranberry Maple Sauce* (Seite 202).

Das erste regionale Kochbuch *The Virginia Housewife* erschien 1824. Geschrieben hat es Mary Randolph unter Verwendung einiger Rezepte, die ihr Cousin aus Frankreich mitgebracht hatte. Dieser war ein Universalgelehrter, Philosoph und Feinschmecker aus reicher Familie, aber zeitlebens verschuldet – und der Hauptverfasser der *Declaration of Indepen-*

dence, später Botschafter seines Landes in Paris (1785–1789) und von 1801 bis 1809 Präsident der Vereinigten Staaten: Thomas Jefferson. Als begeisterter Gärtner interessierte er sich sehr für Nutzpflanzen. In dem Garten auf seinem Wohnsitz Monticello (in Virginia) baute er etwa 30 verschiedene Erbsensorten an, in seinem Garten in Paris wuchs Mais, den er den verblüfften Franzosen vorsetzte. Er importierte Makkaroni in die USA, nicht immer zur Begeisterung seiner Dinnergäste im Weißen Haus.

Jefferson ging noch während seiner Präsidentschaft gern persönlich einkaufen und soll auch mal 50 Dollar am Tag für Lebensmittel ausgegeben haben, eine Unsumme zu jener Zeit. Wein, Parmesan, Pistazien und mehr ließ er sich aus Europa kommen.

Im 19. Jahrhundert verbesserte sich auch die Versorgungslage der Durchschnittsamerikaner. Nicht dass sie vorher nicht genug zu essen gehabt hätten, aber der Speiseplan war recht eintönig gewesen. Neue Transportwege und Technologien erleichterten das Leben. 1825 wurde der Erie-Kanal eingeweiht, der New York mit den Großen Seen verband. Mit den neuen Dampfschiffen konnten landwirtschaftliche Erzeugnisse aus dem inzwischen besiedelten Midwest schnell in die Städte des Ostens transportiert werden. Ende des 18. Jahrhunderts erfand Oliver Evans in Delaware die voll mechanisierte Mühle. Eine Eistruhe wurde 1803 patentiert. Fleisch, Obst und Gemüse ließen sich länger frisch halten. Mitte des Jahrhunderts gab es überall Kühlhäuser.

Dennoch wurden bis zum Ende des Bürgerkriegs 1865 die meisten Lebensmittel, die man kaufen konnte, vor Ort produziert. Die Verbraucher wussten, wer die Nahrungsmittel, die sie erwarben, hergestellt hatte. Die Landbevölkerung versorgte sich selbst.

Der technische Fortschritt hält Einzug

Süße, saure und süßsaure Beilagen zu Fleisch erfreuten sich großer Popularität. Mit Salz, Essig und Zucker eingekochte Tomaten und Pilze schafften es auf den ersten Platz in der Beilagen-Hierarchie. Allerdings waren stark gewürzte Speisen eher verpönt, da sie im Verdacht standen, allerlei unsittliche Gelüste zu entfachen.

Sweet tooth

Die Amerikaner hatten schon immer einen *sweet tooth*, sie waren Naschkatzen, nur die Briten konsumierten mehr Zucker. Vor allem als nach dem Bürgerkrieg der Zuckerpreis sank, stieg der Verbrauch. Die Zahl der Nachspeisenrezepte in amerikanischen Kochbüchern war von Anfang an sehr hoch. Und auch wenn man sich beim Kochen mit Gewürzen zurückhielt, beim Dessert ließ man alle Bescheidenheit fallen und würzte kräftig mit Zimt, Muskat, Gewürznelken und Ingwer.

Sklaven

Allerdings gab es eine Gruppe von Menschen, die unter chronischer Mangelernährung litt, nämlich die afrikanischen Sklaven auf den Südstaatenplantagen. Von ihren Besitzern erhielten sie regelmäßig Schweinefleisch- und Maisrationen. Da beide Lebensmittel reichlich zur Verfügung standen, deckte dies den Bedarf an Eiweiß und Kohlenhydraten. Schließlich waren die Plantagenbesitzer daran interessiert, die Arbeitskraft zu erhalten. Aber durch die Einseitigkeit kam es zu Vitaminmangelerscheinungen. Soweit es ihnen möglich und gestattet war, unterhielten die Sklaven Gärten und ergänzten ihre Nahrung durch die Jagd.

Beginnende Industrialisierung

Anfang des 19. Jahrhunderts gelang es in Europa, Lebensmittel durch Einmachen zu konservieren. Bald darauf öffnete in Boston die erste Konservenfabrik: Fleisch und Fisch wurden mit Gewürzen konserviert, dieser Prozess nannte sich *devilling* – verteufeln. So entstand 1867 die erste amerikanische Lebensmittelmarke: Red Devil.

Ereignisse wie der 1849 einsetzende kalifornische Goldrausch boten aufstrebenden Unternehmern Gelegenheit, moderne Technologie für die Massenverpflegung einzusetzen. Francis Cutting beispielsweise versorgte die Goldgräber mit konserviertem Gemüse und Obst. Aus seiner Firma wurde später der Weltkonzern Del Monte.

Konserven

Auch der Bürgerkrieg in den 1860er Jahren verhalf Konservenfabrikanten zu erhöhtem Umsatz, schließlich galt es, zwei Armeen zu versorgen. Und als 1865 der Krieg beendet war, musste ein neuer Absatzmarkt her. So bot man die Produkte vermehrt den Köchinnen am heimischen Herd in den wachsenden Großstädten an – und fand dankbare Abnehmerinnen. 1869 begann Joseph Campbell in New Jersey mit Erbsen und Spargel, bald waren Tomaten sein erfolgreichstes Erzeugnis. Schließlich erweiterte er seine Produktpalette um Dosensuppen, während sein Zeitgenosse Henry Heinz aus Pennsylvania sich eher auf Saures und Würzsaucen verlegte. Ab 1873 füllte er Ketchup ab. 1905 verkaufte er bereits mehr als fünf Millionen Flaschen jährlich.

Gleichzeitig wuchs aber auch das Angebot an frischen Produkten. Durch neue Verfahren gelang es, die Milch schneller von der Sahne zu trennen, und man entdeckte die Vorteile des Pasteurisierens. Milch war nun länger haltbar, die Milchindustrie kam in Gang. Mit der Fertigstellung der transkontinentalen Eisenbahn 1869 war es, begünstigt durch die Entwicklung von Kühlwaggons, möglich, verderbliche Ware schnell aus dem Sonnenstaat Kalifornien in die Städte der Ostküste zu verfrachten. Was zuvor ein regionaler Markt gewesen war, wurde zum nationalen mit wiedererkennbaren Markenprodukten. Kleine Hersteller und lokale Produzenten wurden verdrängt.

Die Entstehung der großen Markenprodukte

Anfang des 20. Jahrhunderts waren geborene Amerikanerinnen bereits dazu übergegangen, Brot und Dosengemüse im Geschäft zu kaufen und im Sommer bei Erfrischungsgetränken im Schatten zu sitzen, während Einwanderinnen vom Markt kamen, mit Früchten und Gemüse beladen, die sie dann zu Hause einmachten und nebenbei noch Brot buken. Zwar war Mitte des 19. Jahrhunderts die Schweinehaltung in Städten untersagt worden, sehr zum Ärger der New Yorkerinnen, aber Immigranten versorgten sich weiterhin selbst, soweit sie konnten. Italiener bepflanzten jedes Stückchen Erde mit Tomaten, Bohnen und Kräutern; Juden hielten auch mal Hühner in der Wohnung und räucherten Süßwasserfische.

Supermarkt und Werbung

Neben Transport und Massenproduktion unterstützten zwei weitere Faktoren die Entwicklung moderner Konsum- und Ernährungsgewohnheiten: der Supermarkt und die Werbung.

Aus einer kleinen Kette von Teegeschäften, die zwei New Yorker Geschäftsmänner unter Umgehung von Großhändlern gegründet hatten, um ihren importierten Tee direkt zu vermarkten, erwuchs nach der Fertigstellung der transkontinentalen Eisenbahn die Great Atlantic and Pacific Tea Company, die als A & P bald das ganze Land mit Lebensmittelgeschäften überzog. Solche Ketten hatten den Vorteil, preisgünstiger einkaufen und gemeinsam Anzeigen schalten zu können. Individuell hygienisch verpackte, haltbare Lebensmittel machten dann auch den Verkäufer im Geschäft überflüssig. Ein Unternehmer in Memphis, Tennessee, hatte 1916 die Idee, Selbstbedienungsläden zu etablieren. Sein Beispiel machte Schule und fand Nachahmer im ganzen Land. Der Grundstein zum modernen Supermarkt war gelegt. Mitte der 1930er Jahre hatte dieses Konzept die kleineren Läden verdrängt.

So richtig in Gang kam die Werbemaschinerie, als es möglich wurde, Waren schnell mit der Bahn in jeden Winkel des Landes zu transportieren. Plötzlich war das ganze Land ein großer Markt. Da immer neue Wellen von Einwanderern in die USA spülten, explodierten die Einwohnerzahlen in den Städten des späten 19. Jahrhunderts, ohne dass die Menschen noch ausreichend Möglichkeiten hatten, sich selber zu versorgen. Hatte sich Werbung bisher meist darauf beschränkt, den potenziellen Verkäufer über die Eigenschaften des beworbenen Produkts zu informieren, wurde jetzt ein ideeller Wert und Lebensstil verkauft. Manche Waren mussten auch erklärt werden, denn wer wusste 1890 schon, was eigentlich diese Coca-Cola war?

Werbung im Wandel

Nun entdeckten Hersteller, dass es zu ihrem Vorteil war, wenn sie ihre Waren in kleine Einheiten verpackten, sich ein Logo zulegten und gleichzeitig die Landschaft und die Verpackung damit verzierten. Eine der ersten Produktgruppen, die massiv beworben wurden, waren *cereals,* unter anderem Kellogg's Cornflakes, deren gesundheitliche Vorteile beschworen wurden.

Man heuerte sogenannte Experten an, gewann Prominenz dafür, Produkte anzupreisen, und erfand ikonenhafte Figuren wie Uncle Ben oder Aunt Jemima, die schnell mit einer bestimmten Marke assoziiert wurden.

Im Zuge der Amerikanisierung hatten eingewanderte Frauen – die Köchinnen in der Familie – den Zugang zu der Kochkultur ihrer Mütter und Großmütter verloren. Zum einen wollten sie die Familie amerikanisch verköstigen, zum anderen fehlte es ihnen an den Zutaten für die traditionellen Gerichte, sobald sie das »Getto« ihrer ethnischen Herkunft verließen. Hier sprang dann die Presse ein – Frauenmagazine entstanden – und die Lebensmittelindustrie, die in Anzeigen und Produktkochbüchern ihren Kundinnen erklärte, wie sie die

Der Einfluss von Frauenmagazinen

wunderbare Warenwelt zur Sättigung ihrer
Familie verarbeiten konnten. Natürlich standen
in den Zutatenlisten dieser Broschüren die eigenen Produkte. Das führte dazu, dass bis heute
in lokalen Kochbüchern, die beispielsweise
von Kirchengemeinden herausgegeben werden,
Fertig- und Halbfertigprodukte auftauchen, oft
sogar mit Herstellerangaben: nicht eine Dose
Champignoncremesuppe, sondern eben eine
Dose Campbell's.

Fehlende
Qualitätsstandards

Die Kehrseite dieser schönen neuen Warenwelt war die zunehmende Anonymisierung
der Produzenten. Verbraucher waren verunsi-
chert, wussten nicht, wie sie die Produkte ein-
zuschätzen hatten. Durch die unkontrollierte
industrielle Produktion kam es vermehrt zu
Verunreinigungen, sei es, dass die hygienischen
Umstände der Herstellung tatsächlich zu bean-
standen waren, oder, was sehr häufig der Fall
war, dass die Lebensmittel durch billige »Er-
satzstoffe« gestreckt wurden, dem finanziellen
Wohl der Produzenten zu-, der Gesundheit der
Verbraucher aber eher abträglich. So formierte
sich bereits in den 1870er Jahren die *Pure Foods*-
Bewegung, allerdings kam es erst 1906 zur Ver-
abschiedung des *Pure Food Act.*

Auslöser dafür war Upton Sinclairs *The
Jungle*, der als Fortsetzungsroman in einer so-
zialistischen Zeitschrift erschienen war. Darin
hatte er die katastrophalen Arbeitsbedingungen
in den Schlachthöfen Chicagos angeprangert,
und durch seine detaillierten Schilderungen der
unhygienischen Umstände der Leserschaft den
Appetit verdorben. Der Fleischumsatz ging ra-
dikal zurück.

Ein Gesetz, das in den 1930er Jahren die Einführung von Qualitätsstandards für abgepackte
Ware herbeiführen sollte, brauchte fünf Jahre,
bis der Kongress es stark verwässert verabschie-
dete. Wieder war es von der Industrie bekämpft
worden, diesmal mit der Unterstützung der

Presse – die ihre lukrativen Anzeigenkunden nicht verlieren wollte. Die Unabhängigkeit der Presse, die noch 1906 bei der Einführung von Mindeststandards in der Fleischverarbeitung geherrscht hatte, war dahin.

Im späten 19. Jahrhundert wurden Maschinen entwickelt, die es ermöglichten, beim Mahlen des Getreides den Keim und die Kleie zu entfernen, ausgerechnet jene Bestandteile, die die meisten Nährstoffe enthielten. Das Mehl wurde auf diese Weise nicht so schnell ranzig, ein willkommener Umstand in der beginnenden Massenproduktion. Gleichzeitig verlor das Brot aber an Geschmack, was man durch erhöhte Zugabe von Zucker, Milch und Fett zu kompensieren suchte.

Das tägliche Brot

Otto Frederick Rohwedder aus Iowa forschte über ein Vierteljahrhundert daran, wie man Brot industriell schneiden und verpacken könnte. 1928 hatte er endlich eine Maschine entwickelt und erhielt dafür den Titel »*Father of sliced bread*«. Wie wichtig den Amerikanern diese Erfindung war, kann man nicht nur daran ablesen, dass eine Woge der Empörung über das Land schwappte, als im Zweiten Weltkrieg die Produktion von geschnittenem Brot untersagt wurde – nach zwei Wochen musste das Verbot aufgrund massiver Proteste wieder aufgehoben werden –, sondern auch daran, dass es eine Redewendung gibt, die besonderes Lob ausdrückt: »*That's the best thing since sliced bread!*«

Sliced Bread

Fortan war das Brot in Amerika meist schneeweiß, obwohl es auch leicht beigefarbenes Weizenvollkorn- und Roggenbrot gab.

Erst ab den 1970er Jahren setzte eine Kehrtwende ein. Ernährungsberater erkannten, dass dem weißen Brot wichtige Nährstoffe fehlten, die dann dem Weißbrot einfach wieder zugesetzt wurden. Auch wenn noch heute das abgepackte Brot dominiert, es gibt Alternativen. Ethnische

Brotspezialitäten wie Baguette, Bagel, Ciabatta und Pumpernickel sind in jedem Supermarkt zu haben, und die Zahl der Bäckereien nimmt zu.

Vor dem Zweiten Weltkrieg

Mit dem Black Tuesday, dem Börsencrash am 29. Oktober 1929, brach die Weltwirtschaftskrise aus, die 13 Millionen Amerikaner den Job kostete und viele ins Elend stürzte. Menschen durchwühlten Müll nach Essbarem und forderten bei Demonstrationen die Verteilung von Lebensmitteln. Dies betraf jedoch nur die unteren sozialen Schichten. Mittel- und Oberschicht verspürten wenigstens auf kulinarischem Gebiet kaum die Auswirkungen der *Great Depression*.

Great Depression und die Früchte des Zorns

Zunächst war natürlich auch die Lebensmittelbranche von der Krise betroffen und verzeichnete sinkende Umsätze. Da die Preise sanken, zahlte die Industrie ihren Produzenten weniger, die dann wiederum ihren Erntearbeitern den Lohn kürzten. Bauern und kleine Produzenten waren am stärksten betroffen, gingen pleite oder wurden von größeren Betrieben aufgekauft.

Jahrelang hatte die Regierung den sinkenden Agrarpreisen und der Verelendung der Landbevölkerung zugesehen. Erst ein weiteres Desaster bewegte sie zum Eingreifen.

Die Kultivierung und Abgrasung der Great Plains, jener Graslandschaften im Zentrum der USA (Prärie), führte Anfang der 1930er Jahre zu einer ökologischen Katastrophe, die Hunderttausende obdachlos machte. Bis 1940 verließen 2,5 Millionen Menschen ihre Heimat. John Steinbeck beschrieb in seinem *Früchte des Zorns* das Schicksal derer, die es nach Kalifornien verschlug.

Durch das Umpflügen des Landes waren die Wurzeln der Gräser zerstört, deren Geflecht die dünne Schicht fruchtbarer Erde verankerte. Als es in den 1930er Jahren zu Dürren kam, wirbelten Stürme die trockene Krume auf. Von Kanada bis nach Texas fegten dichte, dunkle Sandwolken

übers Land, nebelten die Metropolen an der Ostküste ein und versanken schließlich im Atlantik.
Die Migranten aus der *dust bowl* (Staubschüssel)
wurden in Kalifornien abschätzig Okies genannt,
da viele von ihnen aus Oklahoma stammten.

Die Sorge der Amerikaner um ihre eigene Gesundheit ist kein Phänomen des späten 20. Jahrhunderts. Der Pastor William Sylvester Graham
propagierte in den 1830er Jahren als Erster eine
vegetarische Kost, basierend auf Vollkornprodukten und körperlicher Ertüchtigung.

Health Food Movement

Der sicherlich einflussreichste Gesundheits-
apostel seiner Zeit war der Arzt John Harvey
Kellogg, der noch heute die Frühstücksge-
wohnheiten großer Teile der westlichen Welt
bestimmt. Er leitete Ende des 19. Jahrhunderts
das Sanatorium in Michigan, das unter anderen
von Präsidenten und Industriellen frequentiert
wurde. Dort experimentierte er mit vegetari-
scher Ernährung und entwickelte neue Produkte. Knusprige Frühstücksflocken und Erdnussbutter sind sein Verdienst, auch wenn er
sicherlich etwas gegen den hohen Zuckergehalt
in beiden Produkten einzuwenden hätte.

John Harvey Kellogg und
die gesunde Ernährung

Eine Entdeckung des frühen 20. Jahrhunderts stachelte das Gesundheitsbewusstsein der
Amerikaner noch mehr an: Vitamine! Ein wah-
rer Vitaminrausch überzog das Land. Es wurde
heftig debattiert, was, wo, wann und wie viel der
Gesundheit diene.

Auch während der Weltwirtschaftskrise Ende
der 1920er Jahre war die Mittelschicht von einem
Schlankheits- und Gesundheitswahn besessen
und probierte laufend neue Diäten aus. (Die
noch heute populäre Hay'sche Trennkost entstand in jener Zeit, als man große Angst hatte,
das Falsche zu essen. Und selbst wenn man das
Richtige aß, falsch kombiniert führte es in die
Katastrophe, jedenfalls wenn man zeitgenössi-
schen Experten Glauben schenkt.)

Ende der 1930er Jahre gab es synthetische
Vitamine, die nun auch Nahrungsmitteln zugesetzt wurden, um die Kampfkraft an der Kriegs-
und Heimatfront zu erhalten. Mit dem Eintritt
der USA in den Krieg war die *Great Depression*
vorbei, die Männer zogen in den Krieg und die
Frauen in die Fabriken.

Sieg in der Küche In den 1940er Jahren bewarben Lebensmittel-
hersteller die gesunden – zugesetzten – Inhalts-
stoffe ihrer Waren. *Fortified* und *Victory* – verstärkt und Sieg – waren die Schlagwörter der
Stunde, so war etwa der Grapefruitsaft »*fortified
with Victory Vitamin C*«.

Da in Kriegszeiten das Metall knapp war,
kam es zu Problemen, die Bevölkerung mit
Dosengemüse zu versorgen. Die *Victory Gar-
dens* wurden erfunden. Die Bevölkerung wurde
aufgefordert, Gemüse und Obst in Gärten zu
ziehen und dann einzumachen. So schlug man
zwei Fliegen mit einer Klappe: Man sparte Dosen und konnte den kämpfenden Truppen in
Europa kommerziell angebautes Gemüse schi-
cken. Außerdem waren Nahrungsmittel ratio-
niert. Allerdings kam es nicht wirklich zu Eng-
pässen wie in Deutschland oder England.

Als ich einmal mit meiner Großmutter über
die Kriegszeiten sprach, seufzte sie: Ja, das seien
schlimme Zeiten gewesen. Sie hätte nicht genug
Butter gehabt, um ihre *Walnut Cookies* zu backen.

In den 1950er Jahren ist es mit der Werbung
für »gesunde« Lebensmittel vorbei. Nach der
Great Depression und dem Krieg wollte man nur
noch ordentlich zulangen, und der Fleischkon-
sum nahm rapide zu. Mit dafür verantwortlich
waren die neuen, handlichen Grills. Barbecues,
bisher Massenveranstaltungen, bei denen man
Erdlöcher grub, diese mit Holz füllte und darüber aufgespießtes Fleisch briet, konnten in den
Garten verlegt werden.

Waren die Frauen während des Zweiten Weltkriegs Teil des Arbeitsmarktes gewesen, so versuchte man nun, das Rad der Geschichte zurückzudrehen und an das Hausfrauendasein vor dem Ersten Weltkrieg anzuknüpfen. Kurzfristig schien das Konzept von Erfolg gekrönt. Aber bald wurde mit der aufkommenden Frauenbewegung klar, dass das so nicht funktionierte. Zeitsparende Produkte wie gefrorene *TV Dinners* kamen auf den Markt, und die Automatisierung der Küche nahm ihren Lauf. Hatte 1950 nur knapp ein Viertel der verheirateten Frauen gearbeitet, war es 1960 bereits ein Drittel.

Ende der 1960er Jahre schlägt die Stimmung um, und es kommt zu einer Gegenbewegung, die Hippies mit ihren»Raus aufs Land«-Slogans wenden sich vom Konsum ab und einer natürlichen Küche zu, die aber nicht immer appetitlich war, nachzulesen in *Drop City* von T.C. Boyle.

Functional Food

Dies führte zu einem neuen Gesundheitsbewusstsein, allerdings nicht notwendigerweise zum Konsum naturbelassener Lebensmittel. Im Gegenteil, Vitaminpräparate, *Functional Food* und mit allerlei Stabilisatoren, Emulgatoren und Geschmacksverstärkern versetzte *Lean Products* machten zunächst das Rennen. In den folgenden Jahrzehnten werden immer wieder bestimmte Lebensmittelgruppen verteufelt: Cholesterin, rotes Fleisch (Rind und Schwein), Fett, Kohlenhydrate – zurzeit sind es Transfettsäuren, zu finden beispielsweise in Margarine, die jahrelang gelobt worden war, weil sie kein Cholesterin enthielt.

Aber die Hippies haben auch die ökologische Bewegung hervorgebracht. 1981 eröffnete in der texanischen Universitätsstadt Austin ein Naturkostladen, der sich inzwischen zu einer nationalen Kette mit zweistelligen Wachstumsraten gemausert hat und bereits seine Fühler nach Europa ausstreckt. Noch ist es eine Avantgarde, die sich ökologisch versorgt, edelsten, überteuerten Produkten huldigt oder vollwertig lebt.

Die neuen Vokabeln beim Gespräch über das Essen sind neben *sustainable* (nachhaltig) *locavore* – nur das zu essen, was vor Ort wächst, wobei Ort als 100-Meilen-Radius definiert wird – und *flexitarian*: zwar nicht ganz auf Fleisch zu verzichten, aber oft vegetarisch zu essen.

Eating out

Die Idee, dass man ein Gasthaus nur zum Essen – ohne Übernachtung – betreiben könnte, setzte sich in den USA erst durch, als die Schweizer Brüder John and Peter Delmonico 1827 in New York ein Kaffeehaus eröffneten, dem 1831 ein Restaurant folgte. Sie orientierten sich am Vorbild französischer Restaurants, die es seit dem späten 18. Jahrhundert gab. Man konnte frei aus einer erlesenen Wein- und einer Speisekarte *(Menu)* wählen, die 30 Geflügel- und elf Rindfleischgerichte sowie 16 Pasteten bot. So setzten die Delmonico's den Standard für die gehobene Gastronomie.

Gleichzeitig entstanden *Coffee Shops* und *Lunch Counters*, in denen man schnell, billig und viel essen konnte. Nach dem Bürgerkrieg wurden *Beer Halls* nach deutschem Vorbild mit deftigem Essen sehr populär. Biergärten entstanden rund um Brauereien, die zur besseren Kühlung Bäume über ihren Kellern pflanzten. *Saloons* boten ein kostenloses Mittagessen: Bestellte man ein Glas Bier, gab es dazu Käse, Salami, Brot und mehr. Die ersten *Cafeterias* (spanisch für *Coffee Shop*) entstanden in den 1880ern: Mit einem Tablett geht man an einer Theke entlang und nimmt sich, was der Magen begehrt.

Diners entstanden aus mobilen Imbisswagen, deren Betreiber sie immer dort aufstellten, wo Kundschaft zu erwarten war, etwa vor Fabriktoren zur Mittagspause. Da oft ausrangierte Eisenbahnwagen zu *Diners* umgebaut wurden, entwickelte sich daraus der besondere Stil dieser Imbisse, auch als sie schon längst stationär in feststehenden Gebäuden untergebracht waren.

In den 1920er Jahren stieg die Zahl der Automobile von sechs auf 27 Millionen, und selbstverständlich benötigte der Autofahrer sein entsprechendes gastronomisches Konzept: das *Drive-in* und später das *Drive-through*. 1921 eröffnete zwischen Dallas und Fort Worth »America's New Motor Lunch« mit einem Schweinebratensandwich als kulinarischer Hauptattraktion. Die *Carhops*, wie man die Bedienung dieser Lokalitäten nannte, wurden bald zu deren Aushängeschild. In mehr oder weniger fantasievolle Kostüme gehüllt, in Cowboyhüten oder grünen Käppchen wie Robin Hood kamen sie ans Autofenster, nahmen die Bestellung auf und brachten anschließend das Essen. Am bekanntesten sind wohl die *Carhops* auf Rollschuhen, wie sie auf dem Filmplakat zu *American Graffiti* zu sehen sind.

Drive in and through

Ebenfalls im Jahr 1921 begann der Siegeszug des wohl berühmtesten Sandwichs: White Castle ist die älteste Hamburger-Kette und auch die, die den Burger populär gemacht hat. Anfangs mussten die Gründer noch gegen das Misstrauen kämpfen, das die Bevölkerung Hackfleisch gegenüber hegte. Um sich ein sauberes Image zu geben, waren die White-Castle-Restaurants blitzblank weiß, die Inneneinrichtung aus Edelstahl, und die Bedienung steckte in adretten Uniformen. Walter Anderson, einer der Gründer, hat auch den fließbandartigen Zubereitungsablauf konzipiert, der noch heute in Hamburger-Restaurants üblich ist, mit dem kleinen Unterschied, dass dort zunächst alle Zutaten frisch vor den Augen der Kunden verarbeitet wurden – selbst beim Durchdrehen des Fleisches konnte man zusehen.

Der American Way of Life

White Castle's bis heute gültiger sprachlich-kulinarischer Beitrag besteht in *Sliders*, kleinen Hamburgern. Ursprünglich eher abschätzig so genannt, weil sie – fettig, wie sie waren – gut runterrutschten, findet man sie heute selbst in

noblen Lokalen aus edlen Zutaten – Kobe-Rind
oder Thunfisch-Tartar. Und klein sind sie, weil
White Castle jahrzehntelang den Preis bei zehn
Cent hielt – die Burger aber schrumpfen ließ.
Der Fast-Food-Boom der 1920er Jahre stag-
nierte allerdings während der Weltwirtschaftskrise und des Zweiten Weltkriegs, um dann in
den 1950ern umso vehementer wieder einzusetzen.
Nicht nur Hamburger, auch Hühner, Pizzen
und Tacos, Doughnuts und Waffeln wurden zu
Hauptattraktionen der Ketten. Gemeinsam ist
all diesen Unternehmungen, dass sie im Prinzip leicht herstellbares Fingerfood produzieren,
und damit einen Urtrieb des Menschen, nämlich
den, mit den Fingern zu essen, befriedigen. Sie
gehören zum *American way of life*, der vorsieht,
dass alles jederzeit verfügbar ist, mitgenommen
oder geliefert werden kann.
Eine nicht zu unterschätzende Attraktion der
Ketten ist auch, dass das Essen überall gleich
schmeckt. Man weiß also, was man bekommt,
und ist so vor Überraschungen – negativen wie
positiven – gefeit.

**Prohibition und
Coffee Shops**

Während sich die preiswerte Versorgung der
Massen ungebrochen weiterentwickelte, kam
es zum Niedergang der gehobenen Gastronomie in den Vereinigten Staaten, als 1920 die
Prohibition – das Alkoholverbot – in Kraft trat.
Gaststätten mit aufwendiger Küche sind darauf angewiesen, teuren Wein zu verkaufen, um
ihre Kosten zu decken. Sogar das *Delmonico's*,
wo sich fast ein Jahrhundert lang die feine New
Yorker Gesellschaft getroffen hatte, musste 1923
schließen.
Ein Glas Höherprozentiges zum Essen war
allenfalls noch in den *Speakeasys* zu bekommen.
Und indirekt hat die Prohibition dazu beigetragen, dass die italienische Küche in den USA so
populär wurde. Ein großer Teil des Alkohol-

schmuggels lag in den Händen italienischer Einwanderer – die Prohibition war die Hochzeit der Mafia –, und die illegalen Ausschänke wurden von Padrones betrieben, die ihre Mamma hinter den Herd stellten, um der Kundschaft eine Grundlage fürs Trinkgelage zu bieten.

Kochbücher aus der Zeit umgingen die Prohibition auf elegante Art, indem sie schilderten, auf welch verwerfliche Weise bestimmte Speisen vor dem Alkoholverbot zubereitet worden waren …

Nach dem Zweiten Weltkrieg wurde das Angebot in den Restaurants immer standardisierter. Immer mehr Ketten servierten Massenprodukte, Konserven, Gefrorenes, und Langeweile breitete sich aus. Frischen Wind brachten die ethnischen Restaurants, die sich allerdings nur langsam aus den Städten ins Land verbreiteten.

Anfang der 1970er Jahre wurde der Samen zur Wende gesät. Die Anti-Vietnamkrieg- und Studentenbewegung sowie die Hippiekultur brachten auch eine neue Esskultur mit sich. In Berkeley öffnet 1971 das *Chez Panisse* von Alice Waters seine Pforten. Hier wird erstmals wieder Wert auf eine Zubereitung aus frischen Zutaten und somit der Grundstein für die Küche gelegt, für die Kalifornien bis heute bekannt ist. Im Norden des Staates New York, im Universitätsstädtchen Ithaca gründete sich das Moosewood-Kollektiv, das bis heute ein vegetarisches Restaurant betreibt und aus dem das Standardwerk der alternativen Küche hervorgegangen ist: das *Moosewood Cookbook*.

Aber neben den Ketten gibt es auch sehr viele selbstständige Fleischklops-Bratereien, nur sind die auf dem Land schwer zu finden. Alle bieten *Take out*- und oft auch Liefer-Service an. Diese kleineren Unternehmen haben den Vorteil, dass man sich seinen Hamburger noch so zubereiten lassen kann, wie man ihn am liebsten hat, gut durchgebraten oder rosa, zwischen verschie-

Neue Esskultur

denen Käsen wählen kann (Swiss, Monterey, Cheddar usw.), mit oder ohne Tomate, Gurke usw. Diese Restaurants, deren Speisenangebot aus Sandwichs und Burgern besteht, werden *Coffee Shops* genannt, weil dort kein Alkohol ausgeschenkt werden darf. Zum Alkoholausschank braucht man eine Lizenz, und die ist teuer. Es gibt auch Restaurants, in denen es gestattet ist, selber Wein oder Bier mitzubringen, wenn das Lokal keine Ausschanklizenz hat. Die Wirte haben passende Gläser parat, sodass man nicht stillos aus dem Wasserglas trinken muss.

You will be seated   Geht man heute in den USA in ein Restaurant, so sucht man sich nicht selber einen Tisch, sondern wartet, bis man an einen Platz geführt wird. Natürlich kann man Präferenzen äußern, aber wenn Sie nur zu zweit sind, wird man Sie nicht an einen Tisch setzen, der für sechs gedeckt ist, besonders dann nicht, wenn das Lokal gut besucht und ein Zweiertisch frei ist. Auch ist es nicht üblich, in einem Restaurant nur etwas zu trinken oder nach dem Essen stundenlang am Tisch sitzen zu bleiben, es sei denn, Sie sind in einer Kneipe mit Livemusik, wo Sie wahrscheinlich auch eine *cover charge* zahlen.

In den Vereinigten Staaten ist es ganz unüblich, sich zu jemanden an den Tisch zu setzen, auch wenn das Restaurant kein gehobenes ist und noch dazu überfüllt; man wartet. Die amerikanische Bedienung kommt auch unaufgefordert immer mal wieder an den Tisch, fragt, ob alles in Ordnung ist und ob man noch etwas möchte. Hat man aufgegessen und diese Frage verneint, so wird man sehr schnell den *check* (vom deutschen Wort Zeche) auf dem Tisch haben. Das ist kein Rausschmiss, aber so gemeint. *Business is business*, und wenn du nichts mehr konsumierst, dann mach dem Nächsten in der Schlange den Platz frei.

Trinkgeld gibt man in den Vereinigten Staaten nicht in erster Linie, um der Bedienung seine Anerkennung für freundlichen Service zu zeigen, sondern um sie zu entlohnen, denn das, was der Lokalbetreiber zahlt, entspricht höchstens dem Mindeststundenlohn.

Die Regionen und ihre Kochtöpfe

Die ältesten Regionalküchen der USA sind in Neuengland, an der mittleren Atlantikküste, in den Südstaaten und im Südwesten beheimatet. Die Anfänge aller vier reichen etwa 400 Jahre zurück, während sich in allen anderen Regionen eine eigenständige Küche erst im 19. Jahrhundert entwickelte. Die einzelnen Staaten der USA wählen gern Dinge, die für ihre Region typisch sind, und verleihen ihnen den Status eines »offiziellen« Staatssymbols. So gibt es überall »offizielle« Staatspflanzen und -tiere, und viele haben sogar ein *Official State Food*: Bison in Kansas, die *Blue Crab* in Maryland, Wildreis in Minnesota und natürlich die Kartoffel in Idaho. Manchmal ist es auch ein Gebäck wie der Apfelmuffin in New York oder der *Key Lime Pie* in Florida. Oklahoma hat als einziger Staat eine offizielle Mahlzeit.

Neuengland

Neuengland, im Nordosten der USA, trägt seinen Namen wohl nicht nur deswegen, weil hier Engländer siedelten, sondern auch, weil das hügelige, bewaldete Land die ersten Einwanderer an ihre Heimat erinnerte. Die Ortsnamen der Region sind meist britischen oder indianischen Ursprungs. Worchester, Bedford oder Cambridge finden sich in einem Staat, der Massachusetts heißt.

Im Norden verweisen Namen wie Maine oder Vermont darauf, dass hier einmal Franzosen siedelten. Von den Großstädten abgesehen, ist die Bevölkerung Neuenglands überwiegend weiß. Connecticut, Rhode Island, Massachusetts und Maine liegen an der Küste. Lediglich New Hampshire und Vermont haben keinen Zugang zum Meer.

Die Winter in dieser Gegend sind streng und lang, Schneestürme im April nicht ungewöhn-

lich. Und wenn der Frühling sich endlich durch-
setzt, geht er sofort in einen heißen Sommer
über. Dafür ist der Herbst umso schöner, milde
Tage und rot leuchtendes Laub charakterisieren
den *Indian summer*. Neuengland war von Anfang an puritanisch
und sparsam, auch in der Küche. Eines der
ältesten Kochbücher dieser Region heißt be-
zeichnenderweise *The Frugal Housewife* (»Die
sparsame Hausfrau«, Boston, 1829), bewusst
als Gegenentwurf zu einem anderen Kochbuch
geschrieben, das ein Jahr zuvor in Philadelphia
erschienen war und aufwendige Rezepte vor allem für Süßspeisen enthielt. Ein Ausspruch des
aus Neuengland stammenden Philosophen und
Schriftstellers Thoreau beschreibt die Einstellung seiner Landsleute zum Essen: »Der Körper
des Menschen ist ein Ofen, und Nahrung ist
sein Brennstoff ...«

Die neuenglische Hausfrau hatte meist kein
Personal. Catherine und Harriet Beecher, die
sich als Töchter einer Familie von Reformern
mit sozialen Fragen und der Rolle der Frau be-
schäftigten (Harriet verfasste unter anderem
Uncle Tom's Cabin), schrieben Mitte des 19.
Jahrhunderts:»Amerika ist das einzige Land,
in dem es eine Klasse von Frauen gibt, die man
als Damen *(ladies)* beschreiben könnte, die ihre
eigene Arbeit erledigen.«

In der Küche spielen die indianischen Gemüse Mais, Bohnen und Kürbis eine große
Rolle. Mais wurde auch als Getreide wichtig. Da
die mitgebrachten Weizensorten keine guten
Erträge abwarfen, Roggen aber von Anfang an
prächtig gedieh, buken die ersten Siedler *Rye
and Indian*, ein Brot aus Roggen und Mais. Der
wertvolle Weizen blieb der Feinbäckerei vorbehalten. Erst als im 19. Jahrhundert das Land um
die Großen Seen besiedelt und die Transportwege ausgebaut wurden, erreichte genug Weizen den neuenglischen Nordosten, sodass auch

Indianische Einflüsse

Von Fisch und
Muschelpicknick

die Brotproduktion überwiegend auf Weizenbrot umgestellt werden konnte. An der Küste dominiert der Fischreichtum. Cape Cod (Kap Kabeljau) erhielt seinen Namen, weil die Meeresoberfläche dort silbern glänzte, so zahlreich schwamm der Kabeljau in den Gewässern. Als Stockfisch wurde er zu einem der wichtigsten Exportartikel Neuenglands, der bis in die Karibik und nach Afrika verschifft wurde. Seit den späten 1980er Jahren ist die Kabeljaufischerei vor der amerikanischen Ostküste wegen Überfischung zusammengebrochen. An den Küsten, wo *Inns* (Gasthäuser) die Matrosen versorgten, gab es zu allen Tageszeiten eine dicke Suppe. Auch Ismael in *Moby Dick* aß zu allen Mahlzeiten jeweils einen Teller Fisch und *Clam Chowder* (Seite 121).

Fährt man an der Küste in Maine entlang, läuft dem Feinschmecker das Wasser, dem Tierschützer eher die Galle im Munde zusammen. Überall sieht man Wasserbehälter voller Hummer mit zusammengebundenen Scheren, die auf den sicheren Tod im siedenden Wasser eines Kochtopfs warten. Als in Neuengland im 19. Jahrhundert Konservenfabriken zur Verarbeitung von Hummer entstanden, wurde der Abfall an ortsansässige Farmer als Dünger abgegeben. Daraus entstand das Gerücht, in Neuengland herrsche ein derartiger Überfluss an Hummer, dass er sogar in die Äcker eingepflügt werde.

An der Küste sind *Clambakes* populär, ein Muschelpicknick am Strand, dessen Tradition, obwohl es gern als amerikanischer Urmythos beschworen wird, wohl nur ins 19. Jahrhundert zurückreicht: Im Sand wird ein Loch mit Steinen ausgelegt und ein Holzfeuer darauf entfacht. Wenn die Steine glühend heiß sind, werden sie mit Seetang abgedeckt und die Muscheln und andere Köstlichkeiten daraufgeschichtet. Eine feuchte Plane schließt den improvisierten Ofen.

Und nach anderthalb Stunden ist das Essen fertig.

Vermont ist bekannt für seine Molkereiprodukte wie den Cheddarkäse und Ahornsirup.

Die *Cranberry*, eine Verwandte der europäischen Preiselbeere, wuchs wild in den Sümpfen des Nordostens und wurde schon Jahrhunderte vor der europäischen Besiedelung von der einheimischen Bevölkerung gesammelt und getrocknet. Kultiviert wurde sie ab dem 19. Jahrhundert vor allem auf Cape Cod in Massachusetts.

Die wichtigste Obstsorte der Region ist zweifellos der Apfel. In Amerika gab es nur Holzäpfel. Also brachten Engländer, Franzosen und Holländer ihre eigenen Bäume mit. Am bekanntesten wurde der, den Peter Stuyvesant 1647 in Neu Amsterdam pflanzte: Erst 1866 wurde er versehentlich gefällt. Bereits Mitte des 17. Jahrhunderts waren Apfelbäume überall in Neuengland verbreitet, das beliebteste alkoholische Getränk jener Zeit war Apfelwein, Cider.

Cider

Mindestens ebenso populär war der Tee, der einen entscheidenden Beitrag zur Unabhängigkeit der amerikanischen Kolonien leistete. Die britische Krone sah in der Beliebtheit des Getränks eine günstige Einkommensquelle und erhob eine deftige Steuer auf das liebste Heißgetränk der Amerikaner. Das führte zu einem regen Tee-Schmuggel aus den holländisch besetzten Gebieten, sehr zum Schaden der von Großbritannien kontrollierten East India Company. Also ordnete der englische König an, aller Tee, der in Amerika anlandete, müsse über englische Häfen laufen. Doch seine Rechnung ging nicht auf. Statt die teuren Preise zu zahlen, verkleidete sich eine Gruppe Amerikaner als Indianer und stürmte an einem Dezemberabend des Jahres 1773 einige Schiffe, die mit Tee beladen im Hafen von Boston ankerten, und kippte die Ladung kurzerhand ins Meer – die Aktion ging

Die »Boston Tea Party«

als »Boston Tea Party« in die Geschichte ein.
Unter ihnen war Samuel Adams, der heutzutage
vor allem deswegen bekannt ist, weil sein Name
und Konterfei die Flaschen einer inzwischen
weitverbreiteten Mikrobrauerei schmücken.
Die britischen Kolonialbehörden in Massachusetts nahmen die Aufbegehrer in Schutz, statt
sie zu verhaften. Erbost wollte Großbritannien
die ungehorsamen Kolonien bestrafen, doch
die Amerikaner wehrten sich und verkündeten
zweieinhalb Jahre später, am 4. Juli 1776, ihre
Unabhängigkeit.
Ethnische Einflüsse in Neuengland gibt es
wenige. Am bedeutendsten sind die Portugiesen
und die Italiener im Bostoner North End.

Mittlere Atlantikküste   Die Küche der Staaten an der mittleren Atlantikküste zwischen New York und Washington,
D.C., ist weniger einseitig britisch beeinflusst als
die in Neuengland.
Ab 1609 erforschte zunächst Henry Hudson
im Namen der Dutch East India Company den
Fluss, der später seinen Namen tragen sollte, in
der Hoffnung, eine nördliche Passage nach Asien
zu finden. Dank seiner Forschungsreisen wurde
das Gebiet zwischen Connecticut und Virginia
der niederländischen Krone zugeschlagen. Die
holländischen Einwanderer blieben auch dann
in ihren Siedlungen, als 1664 die Briten die Kon-
trolle über die Region übernahmen.
Die Holländer mussten im Gegensatz zu den
Briten in Neuengland und in Virginia keinen
Winter hungernd überstehen, da sie die Neue
Welt besser ausgestattet betreten hatten. Eine
Kochbuchautorin spricht davon, dass sie in
Schiffen ankamen, die wie Noahs Arche mit Tie-
ren und Saatgut prall gefüllt waren. Im Herbst
räucherten, pökelten und trockneten sie Fleisch,
Fisch, Gemüse und Obst. Den Einwanderern
ging es von Anfang an gut. Aus ihren Kochbü-
chern wird klar, dass sie im Gegensatz zu ihren

neuenglischen Nachbarn den süßen Seiten des Lebens nicht abgeneigt waren. Ihr Hauptbeitrag zur amerikanischen Küche sind sicherlich die *Doughnuts* (Seite 225), und sprachlich haben sie auch beim *Cole Slaw* (Seite 112) und den *Cookies* ihre Spuren hinterlassen.

1683 kam diejenige Küche ins Land, die vielleicht bis heute am wenigsten anderen Einflüssen ausgesetzt war. Mit dem Quäker William Penn erreichten die ersten Deutschen das Land und ließen sich in der Gegend um Philadelphia nieder. Deutschland hatte gerade den Dreißigjährigen Krieg hinter sich. Die Einwanderer waren protestantischen Glaubens, unter ihnen die Amish, die sich bis heute ihre alten, strengreligiösen Sitten erhalten haben, die Errungenschaften moderner Technik weitgehend verschmähen und einen alten deutschen Dialekt sprechen. Etwa 40 Prozent der Bevölkerung Pennsylvanias ist deutschstämmig, und einige Hunderttausend – nicht nur die Amish – sprechen Pennsylfaanisch und essen »Mauldasche mit Zwiwwele«, »Buchweeze« oder »Handkees«. In den USA haben es der *Shoofly-Pie*, das *Scrapple* (Frühstücksfleisch, Seite 74) und *Schnitz and Knepp* (Seite 167) zu einer gewissen nationalen Bekanntheit gebracht.

Deutsche Einwanderer

Das erste Kraut, das die Pennsylvania Dutch – deutsche Einwanderer – in der Neuen Welt in ihre Küche integrierten, war Gnovlichgraut (Knoblauchkraut), ein Verwandter des Bärlauchs. Insbesondere in den Appalachen, einer Gebirgskette im Osten des nordamerikanischen Kontinents, die sich vom kanadischen Neufundland bis nach Georgia in den Südstaaten erstreckt, ist es bis heute populär. Noch immer werden Feste gefeiert, wenn es Ende April, Anfang Mai als erster Frühlingsbote den Boden der Wälder bedeckt.

Der ultimative Schmelztiegel ist New York City. Hier ist kulinarisch die ganze Welt zu

Schmelztiegel New York

Hause, unzählige ethnische Restaurants existieren nebeneinander. In China Town kann man zwischen Sichuan, Kantonesisch oder Hunan wählen, gleich nebenan in Little Italy reiht sich ein *Ristorante* ans andere. In der Lower East Side sind noch viele polnische, russische und jüdische Lokale zu finden, karibische Imbisse gibt es nördlich des Central Park. Allerdings verlieren sich die ethnisch geprägten Stadtteile allmählich in Manhattan. So ist Little Italy hauptsächlich eine Touristenattraktion, die Grundstücke gehören längst Chinesen, die »echten« Italiener leben im Stadtteil Queens oder Brooklyn. Auch das deutsche Viertel rund um die 86. Straße ist kaum noch im Stadtbild wahrnehmbar, immer mehr Gaststätten und Geschäfte schließen.

Ein Beitrag New York Citys zur kulinarischen Landschaft sind die *Delikatessen,* kleine Feinkostgeschäfte. In der zweiten Hälfte des 19. Jahrhunderts öffneten sie ihre Türen. Ursprünglich von deutschen Geschäftsinhabern geführt, kamen im Zuge der jüdischen Einwanderungswelle nach den russischen Pogromen ab 1880 koschere Geschäfte dazu. Pastrami, ein Rinderschinken, oder *Chopped Liver* (Seite 108) gehören zu ihren Spezialitäten. Manche boten ihren Kunden die Gelegenheit, die Waren vor Ort zu verzehren. So mauserten sich die bekannten *Delis* wie das Katz oder das Carnegie in New York zu richtigen Restaurants, deren Kellner als ähnlich launisch verschrien sind wie die Ober in Wiener Kaffeehäusern.

Heute bezeichnet man kleine Lebensmittelgeschäfte, die bei uns als Tante-Emma-Läden durchgehen würden, als *Delis*, in New York werden sie oft von asiatischen Einwanderern, vor allem von Koreanern, betrieben. In Supermärkten gibt es *Deli Counters* – Feinkosttheken –, wo Käse, Aufschnitt und Salate angeboten werden.

Eine der bekanntesten Regionalküchen der USA ist die sogenannte Südstaatenküche. Der Begriff Südstaaten bezieht sich geografisch allerdings nur auf den Südosten der USA. Und von einer einheitlichen Küche kann nicht die Rede sein. So haben die Küchen Floridas mit ihrem karibisch-kubanischen Einfluss und die Louisianas mit ihrer französisch-spanischen Tradition eine ganz eigene Richtung eingeschlagen. Doch auch zwischen den restlichen Staaten südlich der Mason-Dixon-Linie (Pennsylvania – Maryland – West Virginia) herrschen mehr oder weniger große Unterschiede. So kocht man in den Carolinas viel mit Reis (schon das 1847 erschienene Kochbuch *The Carolina Housewife* enthielt 36 Rezepte für Reisbrot), an der Küste sind Meeresfrüchte und Fisch beliebt, in den Bergen der Appalachen spielt Wild eine wichtige Rolle. Während der Rest des Landes Rindfleisch eindeutig bevorzugt, lieben die Südstaatler – neben ihrem *Fried Chicken* – Schweinefleisch. Der Schinken aus Virginia ist der beste in den USA, die *Pulled Pork Sandwiches* (Seite 169) aus North Carolina werden inzwischen landesweit geschätzt, und der Braten in Atlanta wird schon mal mit Coca-Cola begossen (Schinken in Coca-Cola, Seite 170).

Bis heute ist die *Southern Hospitality* – die Gastfreundschaft des Südens – berühmt. Ein Franzose, der im 18. Jahrhundert Nordamerika bereiste, notierte, dass es im Norden zwar viele *Inns* (Gasthäuser) gebe, die jedoch nicht einladend wirkten, während im Süden kaum Gaststätten existierten, die Menschen aber umso gastfreundlicher wären. Mahlzeiten spielen hier eine zentrale Rolle. Wenn Menschen zusammenkommen, ist das immer auch ein Anlass, gemeinsam zu essen. *The Food Record* ist beispielsweise das Gästebuch bei einer Südstaatenbeerdigung, in das eingetragen wird, wer da war und was er zu essen mitgebracht hat.

Südstaaten

Legendäre Gastfreundschaft

Chutneys & Co

Ein Merkmal der Südstaatenküche sind die Beilagen – nicht die Sättigungsbeilage im Sinne von Stärke (Nudeln, Reis, Kartoffeln), sondern in Form von Eingelegtem: Chutneys, Saures, Saucen, allen voran Senf und Ketchup. Zu den Mahlzeiten wird frisch Gebackenes wie *Biscuits* oder *Corn Bread* (Seite 84) möglichst heiß serviert.

Heiße Sommer und milde Winter bestimmen das Klima. Ideales Wetter für Pfirsiche, Melonen, Pekannüsse, Reis und Okras. Als ein Samenschädling in Alabama Anfang des 20. Jahrhunderts die Baumwollernte vernichtete, wandten sich die Farmer der Erdnuss zu. George Washington Carver, einer der ersten anerkannten schwarzen Wissenschaftler, wurde zu einer Art Nationalheld, als er 105 Arten entwickelte, Erdnüsse zu verarbeiten.

Die Küche der Sklaven

Die Küche des amerikanischen Südens war wesentlich aufwendiger als die des Nordens. Hier gab es Sklaven und Hauspersonal, die sich stundenlang mit der Zubereitung des Essens abgeben konnten. In den Herrenhäusern der Plantagenbesitzer herrschte oft ein Luxus, der sich an den adeligen Residenzen in Europa orientierte. In den Hütten der Sklaven entwickelte sich parallel eine deftige Küche, die mit dem auskam, was als zu unfein galt, um auf den Tisch der Herrschaft zu gelangen.

Die Küche der Carolinas – *Low Country Cooking* –, obwohl eine der eigenständigsten Regionalküchen der USA, ist nicht so bekannt wie die Louisianas, wohl weil sie eher im Familienrahmen zelebriert wird.

In New Orleans sind, als der Orkan Katrina unzählige Heime und deren Hausrat zerstörte, viele alte Familienrezepte verloren gegangen. Daher forderte die Regionalzeitung *Picayune Times* ihre Leser auf, traditionelle Rezepte einzusenden, um wenigstens das kulinarische Erbe der Stadt zu retten. Diese Rezepte stehen auf einer Website zur Verfügung.

Rund um die Großen Seen an der Grenze zu Kanada erstreckt sich von Ohio bis zu Minnesota und hinunter nach Missouri der Mittlere Westen *(Midwest)*, auch als *Heartland* bezeichnet: das Herz Amerikas ohne Zugang zur See. Das große Bäumefällen rund um die Großen Seen begann im späten 18. Jahrhundert. Acker- und Weideflächen entstanden. Hier wuchs der Weizen, der in Neuengland nicht gedeihen wollte. Auf den Nummernschildern von Autos in Wisconsin liest man mitunter *America's Dairyland* – Molkereiland, eine der bekanntesten Buttermarken heißt *Land o' Lakes* (Land der Seen). Schweizer Einwanderer hatten hier mit der Käseproduktion begonnen, nach dem Bürgerkrieg im 19. Jahrhundert war daraus bereits eine Industrie geworden.

Der indianische Beitrag aus dieser Gegend ist der Wildreis. Auch Pilze und Beeren bereichern bis heute die Speisekarte. Und in kleinen Motels entlang der Seen huscht und raschelt es um fünf Uhr morgens, wenn sich unzählige Angler rücksichtsvoll auf den Weg zu ihren Fanggründen machen.

Eine legendäre Figur des Midwest war Johnny Appleseed, ein Prediger, der herumzog und Apfelbäume pflanzte. Im frühen 19. Jahrhundert vergab die amerikanische Regierung Land an Einwanderer, die glaubhaft machen konnten, es dauerhaft beackern zu wollen, und *orchards* – Obstbaumgärten – wurden als ein Zeichen interpretiert, dass es den Siedlern ernst war. Michigan wurde das Zentrum des Sauerkirschanbaus.

Die Zahl der westwärts zu den Großen Seen ziehenden Migranten nahm zu, als 1825 der Erie-Kanal fertiggestellt worden war. Die Zuwanderer kamen aus Skandinavien und Osteuropa, auch viele Deutsche siedelten dort: Milwaukee in Wisconsin wurde auch Deutsch-Athen genannt. Im 19. Jahrhundert wurden die Deut-

Die Mitte

Deutsch-Athen

schen wegen ihrer Lebensfreude und ihrer Lust
am Feiern teils verachtet – von den angelsächsischen Puritanern – und teils bewundert: von allen anderen Nationalitäten, die sich gern in die
Biergärten der zahlreichen Brauereien setzten.
Migranten aus zahlreichen Ländern haben
zur Speisekarte des Midwest beigetragen: Polnische *Paczki* (gefüllte Krapfen) sind bereits
Mainstream, in St. Louis gibt es frittierte Ravioli,
die genauso italienisch sind wie die frittierten
Sauerkrautbällchen in Ohio deutsch. Und da
im Midwest deutsche und polnische Migranten
aufeinandertrafen und die Schlachthöfe in Chi-
cago (das Ch bitte wie Sch aussprechen, nicht
Tsch) Fleisch in Massen lieferten, entwickelte
sich hier die amerikanische Wurstkultur. Der
bekannteste Wurst- und Speckfabrikant ist bis
heute Oscar Mayer mit der Firmenzentrale in
Wisconsin, auch wenn das Unternehmen längst
zu Kraft gehört. Und kein Volksfest im Midwest
findet ohne *Brat* statt, also Bratwurst.

**Der Westen: The Great
Plains – die Prärie**

Als die Einwanderer Mitte des 19. Jahrhunderts
in Richtung Kalifornien und Oregon nach Westen zogen, überquerten sie zunächst die Prärie,
ohne dort zu siedeln. Man hielt die hoch gele-
gene, niederschlagsarme Graslandschaft für un-
fruchtbares Ödland.

Cowboy-Boom

Erst als die großen Rinderherden von Texas
in den Norden getrieben wurden, änderte sich
das Bild. Die Geschichte der Cowboys begann
1867, als der Viehhändler Joseph McCoy die
Idee hatte, Rinder aus Südtexas den Chisholm-
Trail nach Kansas herauftreiben zu lassen, wo
ein Bahnhof der transkontinentalen Eisenbahn
kurz vor seiner Fertigstellung stand. Er machte
Werbung, dass er für jedes Rind den fürstlichen
Preis von 40 Dollar zahlen würde, das Zehnfa-
che des üblichen Marktpreises. In den nächsten
vier Jahren schaffte McCoy zwei Millionen Rinder in den Osten der Vereinigten Staaten. Und

der Cowboy-Boom hielt bis zur großen Dürre 1886/87 an. Die kulinarische Landschaft ist geprägt von osteuropäischen und skandinavischen Einwanderern. Russlanddeutsche haben *Bierocks* (Seite 92) aus Bessarabien mitgebracht, die Finnen steuerten aromatischen Kardamomkuchen bei. In Iowa gibt es auch in nicht-böhmischen Cafés Kolachen. Die Ernährung der Cowboys auf dem Trail bestand im Wesentlichen aus Kaffee, Bohnen, Fleisch und Sauerteigbrot.

Die Spanier hatten von der Karibik aus an verschiedenen Orten der nordamerikanischen Südostküste Siedlungsversuche unternommen, die sie immer wieder aufgeben mussten. Erfolgreicher war ihr Vorstoß aus Zentralmexiko heraus nach Norden: Die Missionsstationen, die sie entlang des Camino Real ab 1598 durch den Südwesten nach Nordkalifornien bauten, überdauerten. Ursprünglich kamen sie ins Land, um nach Edelmetallen zu suchen, und blieben, um die einheimische Bevölkerung zu bekehren. Die größte Stadtgründung der Anfangsjahre fand 1609 mit 130 Familien statt und lag im Tal des Rio Grande in New Mexico: die Villa Real von Santa Fe, die wie die Stadt am anderen Ende des Camino Real nach dem heiligen Franziskus von Assisi benannt war. Regelmäßige Überschwemmungen sorgten für fruchtbares Ackerland entlang des Flusses.

1821 erklärte sich Mexiko unabhängig vom spanischen Mutterland und säkularisierte die Missionen. Die heutigen Grenzstaaten Texas, New Mexico, Arizona und Kalifornien bildeten den wilden Norden des Landes, schwer zugänglich und von der Regierung im Süden Mexikos vernachlässigt, sodass US-amerikanische Truppen im mexikanisch-amerikanischen Krieg 1848 leichtes Spiel hatten, die Grenzen ihres Landes nach Süden zu erweitern.

Der Südwesten

Spanisch/Indianisch

Neben Louisiana und Pennsylvania Dutch Country ist der Südwesten das einzige Gebiet in den USA, dessen kulinarische Basis nicht britisch ist. Der Kochstil entlang der mexikanischen Grenze, von Texas bis Baja California, quer durch eine Wüsten- und Berglandschaft, wird in den USA als *Southwestern*, in Mexiko als *Norteño* bezeichnet – eine sich über einen Zeitraum von 200 Jahren unbehelligt von weiteren Einflüssen langsam entwickelnde spanisch-indianische Fusionsküche. Alles in allem war das kein friedlicher Vorgang, da die Spanier die Indianer gewaltsam unterwarfen, wiederholt vertrieben wurden, nur um mit Verstärkung zurückzukehren und die indianischen Rebellen hinzurichten.

Die Ernährung der Indianer und ärmeren Spanier basierte auf Mais, Bohnen und Kürbis aus Ackerbau, gesammelten Pinienkernen und Kaktusfrüchten und erlegtem Wild. In den Küchen der wohlhabenden Familien Santa Fes, dem Regierungssitz für die nordmexikanischen Territorien, bereicherten eingeführte Zutaten wie Aprikosen, Pfirsiche, Kakaobohnen, Hühner oder Schweine den Speiseplan. Aus Mexiko mitgebrachte Chilis und Weizen waren die wichtigsten Lebensmittel. Allmählich drängte der Weizen den Mais beim Backen von Tortillas zurück, noch heute sind die Weizenfladen ein wesentliches Unterscheidungsmerkmal zwischen der Küche Mexikos und der des amerikanischen Südwestens. Als New Mexico 1846 amerikanisches Territorium wurde, kamen mitteleuropäische Siedler auf dem Santa-Fe-Trail in den Südwesten. Die daraus entstandene Küche beschrieb ein amerikanischer Historiker als eine Mischung aus »Mexico City mit Kansas City«.

Die Tex-Mex-Küche

Die Ureinwohner von Texas waren Nomaden, und so fanden die ersten Siedler dort keine sesshaften Indianer vor, die sie beim Anbau einheimischer Pflanzen anleiten konnten. Daher widmeten sie sich verstärkt der Viehwirtschaft. Ab 1821 kamen Einwanderer mit angelsächsischen Wurzeln aus Kentucky, Tennessee und Arkansas mit Speck und Schinken im Gepäck nach Texas, spätere deutsche Einwanderer steuerten Würste bei. Die Tex-Mex-Küche entwickelte sich auf der Grundlage von Fleisch und Bohnen. *Chili con carne* (San Antonio Chili, Seite 174) und *Fajitas* (Seite 164) zählen zu den Gerichten, die auch über die Grenzen von Texas hinaus Bekanntheit erlangt haben. Abgesehen von *Chili con carne*, das bereits im späten 19. Jahrhundert jenseits von Texas gegessen wurde, machte ein breites amerikanisches Publikum erst in den 1960er Jahren Bekanntschaft mit der Küche des Südwestens, als Glen Bell in Kalifornien das erste »mexikanische« Fast-Food-Unternehmen gründete. Seine Taco-Bell-Kette offeriert Tacos – in Mexiko sind sie ein Imbiss aus verschiedenen Zutaten, die in weiche Maistortillas gehüllt werden, während mexikanische Restaurants in den USA die Maisfladen so frittieren, dass daraus ein U-förmiges Behältnis entsteht, das dann mit Gehacktem, Käse, Salat und Tomaten gefüllt wird, im Grunde ein würziger Hamburger in einem etwas anderen Kleid.

Kalifornien

Die ersten Europäer, die sich 1769 in Kalifornien – damals noch zu Mexiko gehörend – niederließen, waren Franziskaner. Sie bauten Kirchen und Gasthäuser entlang des Camino Real, bekehrten die Einheimischen und pflanzten Orangen-, Zitronen-, Feigen-, Mandel- und Olivenbäume und bauten Wein und Artischocken an. Lange fristete Kalifornien ein relativ beschauliches Dasein, auch die Unabhängigkeit von Spanien im Jahr 1821 beeinflusste das Leben wenig. Die Küche wurde von mexikanischen und indianischen Traditionen geprägt. 1848 trat Mexiko Kalifornien samt Nevada und Arizona an die USA ab. Im selben Jahr führte die Entde-

Anbau ökologischer Produkte

ckung von Gold in der Sierra Nevada zum Goldrausch, Tausende überrannten das Land. Aus allen Teilen Europas und Asiens kamen Glücksritter in der Hoffnung, schnell reich zu werden. Für die meisten erfüllte sich diese Hoffnung nicht, doch sie blieben, weil sie gute Bedingungen für die Landwirtschaft vorfanden. Vor allem für den Obst- und Gemüseanbau waren die klimatischen Voraussetzungen ideal. Durch den Bau der transkontinentalen Eisenbahn konnte bald die Ostküste mit frischen Produkten versorgt werden, die bisher vor allem im Winter auf Lieferungen aus dem sumpfigen Florida angewiesen war. Italienische Fischer nahmen ihren alten Beruf wieder auf, wovon noch heute Fishermen's Wharf in San Francisco zeugt. Die Einwanderung aus Asien – zunächst Chinesen, dann nach dem Einwanderungsstopp aus China auch zunehmend Japaner – sorgte für zusätzliche Vielfalt auf dem Speiseplan.

Nordkalifornien mit San Francisco als Metropole blühte rasch auf, während der Süden langsamer in seiner Entwicklung war. Erst die Anbindung an das nationale Eisenbahnnetz und der Umzug der aufkeimenden Filmindustrie von Brooklyn nach Los Angeles beschleunigten auch dort das Wachstum. In dieser Zeit begann sich der Individualverkehr auszubreiten. So überrascht es nicht, dass in Kalifornien die Wiege der Fast-Food-Kultur stand.

Ende der 1960er Jahre zog Kalifornien junge Menschen der Gegenkultur an. Die Hippies bevorzugten eine naturbelassene Küche, neben Vollkornprodukten und Nüssen stand auch Tofu auf dem Speiseplan. 1971 eröffnete Alice Waters ihr Restaurant *Chez Panisse* in der Universitätsstadt Berkeley. Sie gilt heute als Begründerin der neuen kalifornischen Küche. Auf Reisen in Europa hatte sie Ideen aus der Provence mitgebracht, und als ihr klar wurde, dass sie mit amerikanischen Zutaten die Küche der

Provence nicht einfach nachkochen konnte, zog sie aus, um Produzenten vor Ort zu finden, die ihr Zutaten liefern konnten, die ihren Qualitätsansprüchen entsprachen. Sie ermutigte Farmer in der Gegend um San Francisco, ökologischen Anbau zu betreiben, unterstützte kleine Käsereien. Salat mit Ziegenfrischkäse, heute ein Standardgericht in vielen gehobenen Restaurants, wird unweigerlich mit Alice Waters assoziiert. Auch kalifornische Winzer, die bisher eher Massenware produziert hatten, waren nun daran interessiert, guten Wein anzubauen.

Die Besiedelung des Nordwestens begann in den 1830er Jahren über den Oregon-Trail. Weizen war bald das wichtigste Agrarprodukt der Gegend, konnte aber die große Nachfrage aus dem von Goldgräbern überrannten Kalifornien nicht befriedigen. Auch Äpfel gediehen hervorragend und brachten zu *Goldrush*-Zeiten Rekordpreise ein (4 Bushel für 500 Dollar, wobei ein Bushel etwa 32 Litern entspricht). Fisch und Meeresfrüchte gibt es ebenfalls in Hülle und Fülle, und so liefert beispielsweise der Nordwesten Muscheln für *Clam Chowder* (Seite 121) an Neuengland, wo die Bestände langsam knapp werden. Noch wird der pazifische Lachs in aller Herren Länder exportiert, doch auch er ist bedroht. Der Hopfenanbau begünstigt die Ansiedelung von Brauereien. So ist insbesondere die Bewegung der *Microbreweries* mittlerweile fest in Oregon und Washington verwurzelt. Dabei handelt es sich um kleine Brauereien, die den Giganten aus dem Midwest trotzen und in den 1980ern begonnen haben, Biere herzustellen, die noch Geschmack haben.

Der jüngste Beitrag auf kulinarischem Gebiet ist aber zweifelsohne der Kaffee. 1971 – also im gleichen Jahr, als Alice Waters in Berkeley ihr Restaurant gründete – eröffneten Kaffeeliebhaber im Hafen von Seattle am Pike Place

Der Nordwesten

Moby Dick & Kaffee?!

Market, dem bekannten Markt der Stadt, ein Kaffeegeschäft. Ganz im Sinne der Grassroots-Bewegung – zurück zum Ursprünglichen, weg vom Establishment – wollten die Betreiber frisch gerösteten Kaffee anbieten. Zunächst sollte der Laden Pequod heißen, nach dem Walfänger des Captain Ahab aus *Moby Dick*. Doch das konnte keiner aussprechen. Man blieb zwar bei Melville, bediente sich aber des Namens des ersten Matrosen, Starbucks. Der Comedian Jay Leno witzelte Anfang der 1990er Jahre in seiner Show:»Schon gehört, demnächst eröffnet ein Starbucks in Ihrem Wohnzimmer!« Damals waren Bürger der Stadt Seattle daran zu erkennen, dass sie überall im Land nach einem Lattää fragten, ein den meisten Amerikanern damals noch unbekanntes Getränk. Was auch immer man von Starbucks hält, man bekommt heute in den USA vernünftigen Kaffee, und zwar nicht nur bei Starbucks. Allerdings ist nichts in den Staaten so preisgünstig, wie in einem *Coffee Shop* einen »normalen« Kaffee zu trinken. Man zahlt eine Tasse und bekommt endlos Blümchenkaffee nachgeschenkt.

Alaska und Hawaii

Alaska wurde bereits im 19. Jahrhundert den Russen abgekauft, aber erst 1959 als 49. Staat in die Vereinigten Staaten aufgenommen. Zwar besteht die Küche Alaskas im Grunde aus denselben Gerichten wie die im Rest der USA, allerdings werden sie meist mit lokalen Zutaten zubereitet, das heißt vielen Beeren, Waldpilzen, Fisch und Wild, zum einen, weil diese Zutaten reichlich zur Verfügung stehen, zum anderen, weil aus den *Outer 48* (so bezeichnen die Einwohner Alaskas die kontinentalen USA) importierte Ware recht teuer ist: Alaska ist ein großer, dünn besiedelter Staat mit weniger als einer Million Einwohnern. Kirsten Dixon, eine der führenden Köchinnen des Staates, schreibt, dass die Bewohner nach neuen Rezepten gieren, um den Inhalt ihrer Gefriertruhe – Beeren und

Lachse – verkochen zu können. Ein von ihr herausgegebenes Kochbuch listet daher jeweils über 20 *Cranberry*- und Lachsrezepte auf. Und da wir wissen, dass in Alaska selbst die Gouverneurin auf die Jagd geht, leuchtet ein, dass Karibusteaks (Karibu ist das Rentier der Inuit), Elchragout und geschmorte Bärenrippen durchaus nicht ungewöhnlich sind – mit Relish, aus Seetang gekocht.

In den kurzen Sommermonaten gedeihen in den Gärten Alaskas Blattsalate, Rote Bete, Rosenkohl, Grünkohl und Rüben. Durch die langen Tage bei relativ kühlen Temperaturen soll der Zuckergehalt des Gemüses hoch sein. Die Einwohner Alaskas leben jedoch eher nach dem Motto »Fleisch ist mein Gemüse«. In einem Kochbuch findet sich folgendes Rezept für Rosenkohl: »Pflanze Rosenkohl, dann warte, bis dir ein Elch den Zaun einreißt und den Rosenkohl frisst. Erschieß den Elch und brate ihn.«

Bevor die Russen und Europäer im 18. Jahrhundert Alaska erforschten, wurde Fleisch roh, gekocht oder getrocknet gegessen, Fisch auch gerne vergoren. Vorratshaltung wurde mittels Trocknen, Räuchern und Einfrieren betrieben, was in den 1920er Jahren der New Yorker Clarence Birdseye beobachtete. Er schloss daraus, dass schnell eingefrorene Lebensmittel nicht verderben, und entwickelte entsprechende Maschinen. Heute gilt er als Vater der Tiefkühlkost, und die Marke Birdseye ist in den USA das, was Iglo in Deutschland ist.

Sauerteig ist eine weitere Zutat, die in Alaska als dem vielleicht letzten Staat der *Frontier* noch weit verbreitet ist. *Frontier* ist ein amerikanischer Mythos und bezeichnet die Wildnis jenseits der Besiedlungsgrenze, die von einer gewissen Gattung von Abenteurern, Forschern, Fallenstellern und Jägern erkundet wurde. Sauerteig war deren bevorzugtes Triebmittel beim Brotbacken, denn man konnte ihn jederzeit ohne besondere

Der Vater der Tiefkühlkost

Hilfsmittel ansetzen, und er hielt jahrelang. Das daraus gebackene Brot wird nicht so schnell altbacken wie Hefebrot. Selbst für Pfannkuchen wird Sauerteig verwendet, und der Trapper unterwegs rührt schon mal den Teig mit Möweneiern an.

Aloha – die Küche Hawaiis

1778 beendete Captain Cook die Jahrtausende währende Isolation der Vulkaninseln Hawaiis. Bei Durchschnittstemperaturen, die im Sommer bei 30, im Winter bei 25 Grad Celsius liegen, wachsen auf Hawaii Macademianüsse, Ananas, Kokosnüsse, Sternfrüchte, Papayas und sogar Kaffee und Kakao. Als die Ananasindustrie wuchs, wurden mehr Arbeitskräfte benötigt, da ein Großteil der einheimischen Bevölkerung an Krankheiten, die Missionare aus Neuengland eingeschleppt hatten, zugrunde gegangen war. Eine Zuwanderung aus China, Japan, Korea, den Philippinen und Portugal setzte ein.

Ab 1850 unterhielten die USA freundschaftliche Beziehungen mit dem Königreich Hawaii, ein Vertrag von 1884 gewährte ihnen die exklusiven Nutzungsrechte von Pearl Harbor als Marinestützpunkt. Doch 1893 unterstützten sie hawaiianische Regierungsbeamte und Geschäftsleute, die Königin abzusetzen. Amerikanische Soldaten kamen an Land, um die Ordnung aufrechtzuerhalten und amerikanische Staatsbürger zu schützen. 1898 wird Hawaii Territorium, 1959 der 50. Staat der USA. 1993 entschuldigt sich die Regierung der Vereinten Staaten bei der einheimischen Bevölkerung für den Umsturz von 1893 und dafür, dass den Hawaiianern das Recht auf Selbstbestimmung genommen wurde.

Ein Grundnahrungsmittel der einheimischen Bevölkerung ist *Poi*, ein Brei, der aus der Wurzel der Taropflanze gewonnen wird.

Die asiatischen Einwanderer hatten Sojasauce, Reis, Teriyaki-Sauce oder auch *Kimchi* ins Land gebracht. Missionare aus Neuengland steuerten

Chowder und Maisbrot bei, Portugiesen kochten eine herzhafte Bohnensuppe, schottische Einwanderer buken *Shortbread* und *Scones.*

Auf einer Pupu-Platte mit hawaiianisch gemischten Vorspeisen finden sich unter anderem Sushi, *Dim Sum* (chinesische Klößchen), *Lomi Lomi* (gebeizter Lachs mit einer Tomaten-Zwiebel-Garnitur) und Räucherlachs mit Tomate.

Eine hawaiianische Variation des Fast Food ist *Loco Moco*, das in den 1940er Jahren entwickelt wurde, um hungrige Teenager zu befriedigen: eine Portion Reis, darauf ein Hamburger, darüber ein Spiegelei, mit Sauce übergossen. Und dazu der auf Hawaii sehr beliebte Nudelsalat!

Die Völker der Welt und ihre kulinarischen Mitbringsel

Seit 400 Jahren ist Amerika das Land der Träume vieler Menschen, die vor religiöser oder politischer Verfolgung fliehen, unter Naturkatastrophen oder wirtschaftlicher Not leiden oder einfach nur das Abenteuer und ihr Glück suchen. Batista, Fidel Castro oder Marcos, der Schah oder Khomeini, Pogrome im zaristischen Russland, massenhafte Morde in Armenien oder durch die Roten Khmer, Kartoffelpest in Irland oder Dürre in Indien zählen zu den Gründen, die Heimat zu verlassen.

Andrew Smith spricht in seinem monumentalen Lexikon *The Oxford Companion to American Food and Drink* von einem Drei-Generationen-Zyklus: Die erste Generation versucht zunächst, sich anzupassen und ihre Küche zu amerikanisieren, wendet sich dann aber doch der eigenen Küche zu. Die zweite, zweisprachige Generation isst nur traditionell, wenn sie die Eltern besucht und zu besonderen Anlässen mit der Familie feiert, während die dritte Generation die Sprache nicht mehr erlernt, aber ein vermehrtes Interesse an traditioneller Küche entwickelt.

Die Esskultur bietet die Möglichkeit, eine Verbundenheit mit der alten Heimat zu bewahren. In dem Falle der osteuropäisch-jüdischen Küche ist es sogar so, dass sie mit dem Holocaust untergegangen wäre, wäre sie nicht in Amerika erhalten geblieben und über die USA nach Israel gewandert.

Deutsche

Nach den Engländern bilden die Deutschen die größte Gruppe von Einwanderern. 50 Millionen Amerikaner sind deutschstämmig.

Die ersten kamen aus dem Rheinland und ließen sich in Pennsylvania nieder, wo sie später zu Zeiten des Bürgerkriegs als »Sauerkraut Yankees« bezeichnet wurden, da sie noch immer an ihrer alten Sprache festhielten. Im Verlauf des 19. Jahrhunderts wanderten viele dieser Familien weiter in den Mittleren Westen, wo sie auf die ins Land strömenden Bayern und Schwaben trafen. Hessische Deserteure liefen während der amerikanischen Revolution von 1776 zu den amerikanischen Truppen über. Noch heute wird General Steuben alljährlich mit einer Parade in New York City geehrt.

Bei den *Forty-Eighters* handelt es sich um eine Gruppe deutscher Einwanderer, die nach der gescheiterten 1848er-Revolution aus Deutschland fliehen mussten. Auch Bismarcks Sozialistengesetze trieben die Menschen aus dem Land. Die meisten ließen sich in den Städten der mittleren Atlantikküste wie Baltimore und Philadelphia nieder oder gingen in den Mittelwesten, vor allem nach Milwaukee.

Deutsch verschwand mit und nach dem Ersten Weltkrieg vom Bildschirm der Amerikaner. In vielen Staaten durfte die Sprache nicht mehr in der Öffentlichkeit gesprochen werden, und die Prohibition trug das Ihre dazu bei, deutsche Restaurants, Bierhallen und Saloons verschwinden zu lassen.

In Milwaukee aber haben sie überlebt, immerhin hat die Hälfte der Bewohner Wisconsins mindestens einen deutschstämmigen Elternteil, ein Viertel ist sogar von beiden Seiten deutscher Abstammung. Dort trifft man noch heute auf viele Restaurants, die im Familienbetrieb von Nachkommen deutscher Einwanderer geführt werden. Allerdings zeugt das Dekor mit Hirschgeweihen und Bierkrügen sehr davon, dass sich hier die zweite deutsche Einwanderungswelle aus Bayern und Schwaben etabliert hat. Doch die servierten Speisen sind mit Sauerbraten oder Königsberger Klopsen durchaus gesamtdeutsch.

Iren

Nach Engländern und Deutschen bilden die Iren die drittgrößte Einwanderergruppe. Ihnen verdanken die Vereinigten Staaten den systematischen Kartoffelanbau. Allerdings nicht, wie man meinen möchte, jenen katholischen Iren, die nach der großen Kartoffelpest 1845 kamen, sondern den protestantischen Iren schottischer Abstammung, die im ersten Viertel des 18. Jahrhunderts die Neue Welt erreichten.

Franzosen

In den Anfangsjahren war, abgesehen von den Gegenden, wo sich Franzosen niedergelassen hatten, die französische Küche nicht wohlgelitten. Zum einen stand sie im Verdacht, sinnesfreudig zu sein, was den puritanischen Vorstellungen früher Amerikaner nicht passte, zum anderen war sie die »Küche des Gegners«, denn Engländer und Franzosen kämpften gegeneinander um Territorien. Das Verhältnis zu den Franzosen wandelte sich erst, als es keine Gebietsstreitereien mehr gab und im Gegenteil die Franzosen die Amerikaner (gegen die Briten) im Unabhängigkeitskrieg unterstützten. Beliebter wurde die französische Küche aber erst, als sich Ende des 19. Jahrhunderts ein gewisser Wohlstand ausgebreitet hatte und vor allem in den urbanen Zentren eine gehobene Küche gepflegt wurde. Doch diese Küche war keine der Einwanderer, sondern der Versuch, eine fremde Küche zu imitieren. Auch die zweite Renaissance der französischen Küche, ausgelöst durch die erste große Fernsehköchin Julia Child und die Kochbuchautorin M. F. K. Fisher in den 1960er Jahren, basierte auf importierten Rezepten. Beide Frauen hatten längere Zeit in Frankreich gelebt.

Belgier

Belgische Einwanderer siedelten vor allem in Wisconsin und Minnesota, wo noch regelmäßig *Kermess* gefeiert wird. Ihr kulinarischer Beitrag ist *Booyah*, ein Fleisch-Gemüse-Eintopf, und

Cheese Pie, ein Käsekuchen. Beide Gerichte sind mit der traditionellen *Kermess* verbunden.

Schon früh im 17. Jahrhundert gab es eine kleine schwedische Kolonie an der Ostküste, doch eine größere Zahl von Skandinaviern verließ erst zwischen 1830 und 1930, durch Hungerperioden vertrieben, die Heimat. Von Kindesbeinen an an gemäßigtes Klima gewöhnt, siedelten sie im Norden, viele in Kanada, um die Großen Seen und auf den nördlichen Great Plains. Die Finnen rodeten Wälder; Schweden und Norweger pflügten die Prärie um und betrieben Molkereien und Mühlen. Eine große Kolonie Norweger existiert noch heute in Seattle.

Zu Festtagen pflegen Norweger noch immer *Lutefisk* zuzubereiten, eine Fischspezialität, mit der man offensichtlich aufgewachsen sein muss, denn alle Berichte von Nicht-Norwegern, die die Ehre hatten, an einer solchen Mahlzeit teilzunehmen, klingen eher zurückhaltend. So zählt *Lutefisk* zu jenen ethnischen Gerichten, die in den USA zwar regelmäßig zubereitet, aber nur innerhalb einer Gruppe verzehrt werden und national wenig bis gar nicht bekannt sind.

In den 1960er Jahren war *Smörgåsbord* im Büffetstil in Restaurants sehr populär, insbesondere die *Swedish Meatballs* hatten und haben es den Amerikanern angetan. Der kulinarische Beitrag der Dänen zur großen amerikanischen Tafel beschränkt sich auf ein Gebäck. Dafür ist *Danish*, das wir als Plunderstück bezeichnen würden, überall zu haben.

Die als Sklaven in die Neue Welt geschleppten Afrikaner konnten nur bedingt ihre Kochtraditionen importieren.

Sie erhielten pro Woche acht Liter Mais, drei Pfund Speck und anderes, an herrschaftlichen Tischen unerwünschtes Schweinefleisch wie Schwarte *(cracklin')*, Füße *(trotters)*, Mägen

Skandinavier

Afrikanische Sklaven

(chitt'lin'), etwas Melasse, Sauermilch sowie
in bescheidenem Umfang Obst und Gemüse.

Manchmal konnten sie außerdem in eigenen
Gärten etwas anpflanzen und Wild erlegen –
neben Eichhörnchen wurden vor allem *coons*
und *possuns*, Waschbären und Beutelratten,
geschätzt –, indem sie Fallen stellten (Waffen
durften sie nicht tragen) oder mit Steinschleu-
dern Jagd auf Vögel machten.

Unter den Pflanzen, die die Sklaven aus Afrika mitbrachten, sind Okras, Yamswurzeln,
Sesam (der bis heute in den Carolinas unter seinem afrikanischen Namen *Benne* bekannt ist)
und *Collard Greens*, eine Kohlart.

Erst als während des Bürgerkriegs eine Blo-
ckade gegen die Südstaaten errichtet wurde,
lernten die weißen, wohlhabenden Südstaatler
die regionale Küche kennen.

Der Begriff *Soul Food*, der heute für die af-
roamerikanische Küche verwendet wird, ist
relativ neuen Ursprungs und stammt aus den
1960er Jahren, wahrscheinlich in Anlehnung an
die *Soul Music* (eine Wortschöpfung aus den
1930ern). Die Unterscheidung zwischen *Soul
Food* und *Southern Food* ist oft nur schwer zu
treffen, sodass manche meinen, der Unterschied
läge nicht so sehr darin, was gekocht würde,
sondern wer koche.

Befreite Sklaven im Norden, die immer auf
der Hut sein mussten, nicht gefangen und in den
Süden verschleppt zu werden, etablierten sich in
Freiheit oft als Caterer, ein Berufszweig, in dem
sie anerkannt waren und Arbeit fanden. Man-
che erwirtschafteten sich damit einen gewissen
Wohlstand, während die meisten für schwere
Arbeit schlecht bezahlt wurden. Spätestens seit
den 1980er Jahren setzt in der amerikanischen
Gesellschaft allmählich ein Umdenken ein. Vor
allem nach der Ausstrahlung der Fernsehserie
Roots entstand eine panafrikanische Bewegung.
Das Selbstbewusstsein und der Stolz auf die af-

rikanische Herkunft wurden gestärkt und die Weißen für das Schicksal der Afroamerikaner sensibilisiert (was letztendlich zur Wahl eines afroamerikanischen Präsidenten führte). Auch das Interesse an afrikanischen Rezepten und Traditionen blühte auf, so entstand zum Beispiel *Kwanzaa*, eine Festwoche vom 26. Dezember bis zum 1. Januar, die sich aus verschiedenen afrikanischen Traditionen und Ritualen zusammensetzt und dazu dient, familiäre und kommunale Bande zu stärken, das alte Jahr ausklingen zu lassen und das neue einzuläuten. Das Menü jener Tage setzt sich meist aus Gerichten des *Soul Food*, der westafrikanischen und der karibischen Küche zusammen, etwa Jambalaya (Seite 177) oder Jerk, und verwendet Zutaten wie Kuhbohnen, Okra, Yamswurzeln, Maniok, Sesam.

1830 erfasste die alle zehn Jahre stattfindende Volkszählung zum ersten Mal asiatische Einwohner: drei Chinesen. Zwischen 1849 (Goldrausch) und 1882 (Einwanderungsstopp für Chinesen) kamen 250.000 Menschen vor allem aus Südchina.

Asiatische Einwanderer

Nachdem sie beim Bau der transkontinentalen Eisenbahn ihre Schuldigkeit getan hatten, begegneten sie massivem Rassismus. Sie wurden als Heiden verfolgt, gelyncht und schließlich ausgesperrt. Zum ersten Mal in der amerikanischen Geschichte kam es 1882 zu einem Einwanderungsstopp für eine ganze Bevölkerungsgruppe. Als in den 1960er Jahren die Sperre wieder aufgehoben wurde (im Zweiten Weltkrieg war sie ein wenig gelockert worden), setzte eine neue Einwanderungswelle ein, diesmal aus ganz China. Anfang des 21. Jahrhunderts lebten 3,5 Millionen Chinesen legal in den USA, anderthalb Millionen allein an der Westküste und knapp eine Million in New York.

Weil Chinesen im 19. Jahrhundert wirklich nur wenige ihrer typischen Zutaten vorfanden,

haben sich in den USA ganz eigene Gerichte
entwickelt, wie beispielsweise *Chop Suey* (Seite
152), *Chow Mein* (Seite 152) und *Egg foo yung*
(Seite 69).

In den 1950er Jahren war es chic und vor allem billig, chinesisch essen zu gehen. Ende des
20. Jahrhunderts gab es mehr als 36.000 chinesische Restaurants in den USA.

Auch wenn heute Gerichte aus verschiedenen
chinesischen Provinzen angeboten werden, ist
doch die chinesisch-amerikanische Küche ins-
gesamt fleischlastiger als die Chinas.

Japaner kamen ab Mitte des 19. Jahrhunderts
nach Hawaii, wo bis heute die größte Kolonie
von Japanern lebt, und an die Westküste der
USA. Nach dem Einwanderungsstopp von 1882
ersetzten sie die Chinesen. Doch auch sie waren
Vorurteilen gegenüber »der gelben Gefahr« ausgesetzt, durften kein Land besitzen und es auch
nur für drei Jahre pachten. Im Zweiten Weltkrieg wurden alle (!) Japaner nach dem Angriff
auf Pearl Harbor vier Jahre lang in Camps in-
terniert.

Das wichtigste japanisch-amerikanische Gericht ist die *California Roll,* eine Sushi-Maki-
Rolle mit Avocado und Surimi (Krebsfleisch-
imitat), die Japaner in den 1970ern entwickelten,
um dem Geschmack von Nicht-Japanern, die
sich vor rohem Fisch ekelten, entgegenzukom-
men.

Koreanische Einwanderer kamen im 19. Jahrhundert nach Hawaii und nach dem Koreakrieg
in die kontinentale USA. Nationale Bedeutung
hat inzwischen ihr fermentierter Kohl, *Kimchi.*

Juden

Die ersten Juden, die den amerikanischen Kontinent erreichten, waren Portugiesen. Doch die
erste große Gruppe kam zwischen 1830 und
1880 aus Deutschland: 200.000 Juden, die sich
in Amerika als Amerikaner, Deutsche und als
Juden verstanden. Ein Zentrum dieser Einwan-

derungswelle war Cincinnati. Firmen wie Crisco (pflanzliches Fett, denn das übliche Schweineschmalz war nicht koscher) and Fleischmann's Yeast (Hefe) nahmen dort ihre Anfänge. Nach Pogromen in Russland Ende des 19., Anfang des 20. Jahrhunderts kam die nächste Einwanderungswelle und brachte bis 1920 2,5 Millionen Juden aus Osteuropa in die USA. Somit war die jüdisch-amerikanische Küche jetzt eine der Aschkenasim. Zwar brachte die Judenverfolgung durch die Nazis weitere Juden aus Mittel- und Osteuropa in die Neue Welt, aber auch Sepharden aus Südeuropa begannen einzutreffen und beeinflussten die jüdisch-amerikanische Esskultur. Wieder fanden Anpassungen an die Gegebenheiten vor Ort statt. In Washington State zum Beispiel ersetzte Lachs den Karpfen, und statt Mandeln wurden Pekannüsse verwendet.

Die russische Immigration lässt sich in zwei Gruppen aufteilen: einmal die religiöse, das heißt jüdische, nach den Pogromen, und die aristokratische nach der Oktoberrevolution. Bis 2002 das Russian Tea Room neben der Carnegie Hall in New York für immer seine Pforten schloss, galt es als Inbegriff der eleganten russischen Küche. Neben Blinis mit Kaviar standen vor allem das in den 1960er Jahren äußerst beliebte Bœf Stroganoff mit Rinderfilet und Pilzen und *Chicken Kiev* (das überhaupt nicht aus Russland kommt, sondern wahrscheinlich in NY erfunden wurde) für die russische Esskultur. Deftige Gerichte wie Kohlrouladen, Borscht und Pelmeni waren dagegen eher an der Lower East Side zu Hause.

Sechs Millionen Amerikaner sind polnischer Abstammung. Sie kamen in mehreren Wellen um die Wende zum 20. Jahrhundert, damals nach den Italienern und Juden die größte Gruppe von Einwanderern. Ihr wichtigster ku-

Osteuropäer

linarischer Beitrag ist *Kielbasa*, was auf Polnisch einfach Wurst heißt, aber auch *Pierogi* (*Bierocks*, Seite 92) und *Paczki* sind national bekannte Gerichte.

Italiener   Von den großen europäischen Einwanderungsgruppen waren die Italiener die Letzten, die kamen. Ihre Küche ist nichtsdestotrotz die beliebteste, nicht nur, um preiswert essen zu gehen, mittlerweile haben die Italiener mit den Franzosen gleichgezogen, wenn es ums feine Speisen geht. Auch die *Ristorante* haben nunmehr ihre Chianti-Korbflaschen und Fischernetze entsorgt. Im 19. Jahrhundert zog es die Italiener nach Nordkalifornien, wo sie im Napa Valley Wein anbauten und in San Francisco fischen gingen. Das milde kalifornische Klima förderte auch den Anbau von mediterranen Gemüsesorten wie Artischocken. Die meisten Italiener kamen jedoch erst Anfang des 20. Jahrhunderts, als kein Farmland mehr zu haben war. Sie ließen sich daher in den großen Städten nieder.

Italiener erwiesen sich als die Gruppe, die der Amerikanisierung ihrer Mahlzeiten den größten Widerstand entgegensetzte – und doch trugen sie zur Entwicklung eines der universalen Trends bei: Die Sandwichkultur, wie wir sie heute vorfinden, geht auch darauf zurück, dass Italiener Brot, Käse und Wurst mit zur Arbeit nahmen. Das bemerkten schlaue Straßenverkäufer mit Bauchläden und begannen, mit Wurst und Käse belegte Brote zu verkaufen. Und so kam der Durchschnittsamerikaner, immer darauf bedacht, seine Zeit möglichst optimal zu nutzen, mittags schnell zu einem Imbiss.

In den 1920ern wurde Spaghetti mit Tomatensauce eines der beliebtesten Gerichte auf dem amerikanischen Familienspeiseplan. Vorbei die Zeiten, als Sozialarbeiter in ihren Berichten über italienische Familien notierten: »kaum assimiliert, essen noch Makkaroni mit Tomatensauce«

(was heute auch in den USA *Pasta* heißt, hieß damals *Macaroni*). So waren die Italiener die einzige Immigrantengruppe, die in der ersten Hälfte des 20. Jahrhunderts nicht nur an ihrer eigenen Esskultur festhielt, sondern auch den Mainstream nachhaltig beeinflusste.

PS: Dies ist ein Kochbuch über die Küche der Einwanderer. Wer sich für die Küche der amerikanischen Ureinwohner interessiert, dem sei »Indianisch kochen« von Brigitte und Elmar Engel empfohlen, das ebenfalls in der Reihe »Gerichte und ihre Geschichte« erschienen ist.

Essgewohnheiten

Meine Kindheit verbrachte ich zwischen Semmelknödeln und Hamburgern, Tochter einer Münchnerin und eines amerikanischen Journalisten, Nachfahre von Quäkern, die 1686 aus der Pfalz kommend in Pennsylvania siedelten. Das Haus meiner Vorfahren ist heute Heimatmuseum in Elkins Park, einem Vorort von Philadelphia. Ein alter Steinofen, ans Haus angebaut, zeigt, wie früher gebacken wurde. Die Mühle, die meine Familie betrieb, ist leider inzwischen abgerissen worden. Die Biografie meines Vaters zeugt von amerikanischer Mobilität: geboren in Georgia, aufgewachsen in Oregon und Massachusetts, wo sich mein Großvater, Bauingenieur von Beruf, nach langen Wanderjahren von Baustelle zu Baustelle, die Familie mit drei kleinen Kindern immer im Schlepptau, schließlich niederließ. Meine Großmutter entstammte einer westfälischen Familie, die im 19. Jahrhundert nach Iowa in den Mittleren Westen auswanderte.

amerikanische Küche Gekocht wurde bei uns amerikanisch, denn meine deutsche Mutter, zu Hause die Kleine, lernte erst in den USA das Kochen, so wie sie es von Nachbarn aufschnappte und in Zeitschriften las. *Chicken Paprikash* (Seite 145) und *Noodle Casserole* (Seite 180) waren meine Lieblingsgerichte. Und wenn wir auswärts aßen, bestellte ich immer Hamburger mit *French Fries* und *Cole Slaw* (Seite 112) und hinterher ein *Icecream Soda*. Suppen kamen bei uns aus Campbell's-Dosen, die ikonische Tomatensuppe, *Green Pea Soup* (Seite 119), *Cream of Mushroom* und *Turkey Noodle*. Das Gemüse war meist tiefgefroren: neben Erbsen vor allem Brokkoli (den es damals in Deutschland noch nicht gab und von meiner Mutter ignoranterweise als Grünkohl bezeichnet wurde), Limabohnen und grüner Spargel. Doch die Sauce für Spaghetti wurde auf italienische Art aus *Tomato Sauce* (Passata) zubereitet und nicht, wie ich später bei deutschen Schulkameraden sah, mit Mehl angedickt. Und Fleisch, auch das Hackfleisch, war immer nur Rindfleisch. Sonntags schmorte oft ein riesiger Rinderbraten im Ofen. Der Salat war selbstverständlich *Iceberg* und wurde mit einer Vinaigrette (nur nannten wir es damals nicht so) aus Rotweinessig und Olivenöl angemacht.

Zum Frühstück gab es Cornflakes und *Rice Crispies* mit Milch aus beschichteten Pappkartons, die eine halbe Gallone (knapp zwei Liter) enthielten, zu einer Zeit, als in Deutschland noch Flaschen und Schläuche die Milchfront beherrschten. Und Brote, weiß und quadratisch, wurden mit Erdnussbutter und Marmelade oder Honig beschmiert. Der Orangensaft – meine Mutter hielt nichts von Sodas (karbonisierten Getränken) – war gefrorenes Konzentrat und musste mit Wasser verdünnt werden.

unser Frühstück

Die Mayonnaise hieß Miracle Whip, der Ketchup Heinz und der Käse Kraft oder Philadelphia, aber beide aß ich nicht. Nur *Cottage Cheese* (Hüttenkäse) fand Gnade vor meinen Augen, von meiner bayerischen Mutter allerdings Quark getauft. Genascht wurden *Chocolate Chip Cookies, Brownies* (Seite 224) und Nestlé-Schokolade. Im *Girl Scouts Summer Camp* der Pfadfinderinnen lernte ich gegrillte Marshmallows kennen – fortan wurde unser Herd mit klebriger Zuckermasse überzogen, wenn ich die aufgespießten weichen Ballen über der Glasflamme röstete.

Auch als wir in Deutschland lebten, konnten wir weiterhin in den amerikanischen Geschäften einkaufen, da mein Vater für das Militärradio AFN arbeitete. Nur Schwarzbrot, Düsseldorfer Löwensenf, Camembert und frisches Obst kamen aus deutschen Läden. Und an Thanksgiving wurden 20 deutsche Freunde eingeladen, und ein zehn Kilogramm schweres Truthahnmonster wanderte in den Ofen.

Typische Begriffe und Zutaten

Ahornsirup

Zur Gewinnung des Sirups werden Ahornbäume angezapft. Den aufgefangenen Saft kochten schon die Indianer ein. Manchmal kann man in Neuengland im Frühling noch Bäume entdecken, mit Zapfhahn und Haken versehen, daran ein Eimer, in den die austretende Flüssigkeit tropft. Bei modernen Anlagen wird der Saft durch Schläuche geleitet und zentral aufgefangen. Den Sirup gibt es in verschiedenen Qualitätskategorien, A, B und C. A ist der hellste, feinste und teuerste, C ist dunkler und kräftiger im Geschmack.

Baking Soda, Natron

Vorbei die Zeiten, als ich mein Baking Soda in der Apotheke (bitte 50 Gramm doppelkohlensaures Natron) holen musste – damals wusste ich nicht, dass ich in der Reinigungsmittel-Abteilung der Drogerie fündig geworden wäre: Kaisers Natron gibt es überall.

Brot

Sandwichbrot gibt es inzwischen in allen Supermärkten zu kaufen. Es ist größer und vor allem »saftiger« als herkömmliches Toastbrot. Mit Toastbrot kann man keine anständigen Sandwichs produzieren, es krümelt viel zu sehr.

Butter

Auch wenn in den USA fast nur gesalzene Butter verwendet wird, basieren die Rezepte hier auf ungesalzener Butter.

Corned Beef

Das Rindfleisch ist nicht notwendigerweise Dosenware, sondern lediglich gepökelt. Am besten beim Metzger vorbestellen.

Fettarme Produkte

Alle Rezepte für dieses Buch basieren auf Produkten mit »normalen« Fettanteilen, nicht mageren oder fettarmen Produkten. Das gilt ganz besonders für Frischkäse. Denn während fettarme Milch akzeptabel schmeckt (ihr wurde nur Fett entzogen, aber sie ist nicht weiter denaturiert), ist die Konsistenz von »balanciertem« Frischkäse nur durch die Zugabe von allerlei Chemikalien zu erreichen.

Gemahlenes Hominy. Hominy ist ein getrockneter Maiskolben, der in einer Lauge eingeweicht und anschließend gemahlen wird. Im Gegensatz zu gelbem Maismehl und -grieß (Polenta) ist Grits hellbeige. In der Küche des Südwestens und Mexikos findet man es als Masa harina.

Grits / Masa harina

In den USA meist Kleehonig. Gut lässt sich Akazienhonig (Robinienhonig) verwenden.

Honig

In den USA Monterey Jack und Cheddar. Letzterer ist in Deutschland fast überall erhältlich, und Scheibletten kann man auch immer nehmen.

Käse

Eigentlich immer Heinz. Was es in den USA nicht gibt, ist Curry-Ketchup. Der erste deutsche Ketchup, mit dem mein Gaumen in Berührung kam, enthielt natürlich Curry, und es sollte Jahrzehnte dauern, bis ich mich getraut habe, wieder deutschen Ketchup zu probieren.

Ketchup

Pumpkin und Squash: Die Pumpkin in den USA sind orange und rund, alles andere läuft unter Squash. Ich verwende in Europa Hokkaido- oder Butternutkürbisse, die hier überall erhältlich sind.

Kürbis

Auch Mondbohnen genannt. Grüne, frische Bohnenkerne, die hier selten zu haben sind.

Limabohnen

Eigentlich immer Hellman's. Es soll französische Spitzenköche geben, die sich vor ihrer Heimreise im Duty-free-Bereich des Flughafens mit Hellman's eindecken. Im hiesigen Lebens-

Mayonnaise

mittelhandel gibt es keine Mayonnaise, die genauso schmeckt. Verwenden Sie am besten eine der teureren Marken wie die von Thomy, die mit weniger Geschmacksstoffen als die preiswerteren Marken versehen ist. Mit Mayonnaise verwechselt (und eingesetzt) werden oft Salatdressings wie Miracle Whip, die den Vorteil haben, weniger fett zu sein.

Melasse   Bei der Verarbeitung von Zuckerrohr entsteht Melasse, Sirup und Kristallzucker, wobei die Melasse das ist, was beim Kristallisierungsprozess übrig bleibt und den geringsten Zuckergehalt aufweist, dafür aber mehr Vitamine und Mineralien und einen ausgeprägten Eigengeschmack. Im 18. Jahrhundert war sie das wichtigste Süßungsmittel der britischen Kolonien. Von den Westindischen Inseln wurde Melasse nach Neuengland gebracht, wo sie die Grundlage der Rumproduktion bildete. Der Rum wiederum wurde nach Afrika exportiert, und für ihn wurden Sklaven »eingekauft«, die dann in die Karibik verschleppt wurden, wo man sie gegen Melasse eintauschte – so schloss sich der Kreis.

Sellerie   In den USA ist mit Sellerie *(Celery)* immer Stangensellerie gemeint, wahrscheinlich ein Einfluss der italienischen Küche. Wurzelsellerie *(Celeriac)* ist dagegen praktisch unbekannt.

Senf   Amerikanischer Senf ist vor allem sehr gelb, was durch die Zugabe von Kurkuma (Gelbwurz) erreicht wird. Auch wenn es die Authentizität gefährdet, nehmen Sie Ihren Lieblingssenf.

Sour Cream   Ist zwar mit »saure Sahne« zu übersetzen, schmeckt aber nicht so. Sour Cream hat einen Fettanteil von 18, saure Sahne hingegen nur von zehn Prozent. Sour Cream schmeckt dafür wie Schmand, der allerdings 24 Prozent Fettanteile hat.

In Amerika verwendet man immer flüssiges Va- **Vanille**
nille-Extrakt, vorzugsweise das von McCormick,
das auch in Deutschland erhältlich ist. Im Naturkostgeschäft findet man gemahlene Vanille,
man kann auch Vanillestangen oder Vanillezucker kaufen. Vanillin ist ein naturidentischer
Aromastoff, ein preiswerter Vanilleersatz, der
meiner Meinung nach die echte Vanille nicht
ersetzen kann.

In den USA gibt es braunen und weißen Zucker. **Zucker**
Brauner Zucker ist meist weißer Zucker, dem
nachträglich wieder Melasse zugefügt wurde,
wodurch er sehr »saftig« wirkt. Ich habe hier
Rohrzucker für braunen Zucker eingesetzt, der
den Vorteil hat, gar nicht erst raffiniert worden
zu sein. Im Reformhaus oder Naturkostladen
erhältlich, in normalen Supermärkten auch als
Muscovado oder Moscobado. Als »normalen«
Zucker verwende ich Rohrohrzucker aus dem
Naturkostladen, der eine leicht beige Farbe hat
und ohne den metallischen Beigeschmack von
raffiniertem Zucker auskommt.

Maße und Abkürzungen

EL	Esslöffel
TL	Teelöffel
g	Gramm
kg	Kilogramm
l	Liter
ml	Milliliter

Wenn nicht anders angegeben, sind Tee- und Esslöffel gestrichen gefüllt.

Ein populäres Frühstück: Blaubeerpfannkuchen (S. 66), verfeinert mit Ahornsirup (S. 60).

Jüdische Familien erkannte man lange daran, dass sie sonntags Bagels (S. 78) zum Frühstück aßen. Heute ist dieses Gericht Mainstream und in allen erdenklichen Variationen erhältlich.

Wels (S. 140) ist im Süden der meistverzehrte Fisch, hier als fried Catfish mit Hush Puppies (S. 204) zu sehen. Dazu am besten einen schönen Weißwein genießen.

An den Küsten Neuenglands gibt es zu allen Tageszeiten den köstlichen Muscheleintopf (S. 121), wie schon im Klassiker „Moby Dick" nachzulesen ist.

Eine Art amerikanisches Nationalgericht: Nudeln mit Käsesauce (S. 182).

◆

Breakfast
Frühstück

◆

Blueberry Pancakes
Blaubeerpfannkuchen (All American)

für 4 Personen

300 g Mehl
1 Päckchen Backpulver
1 EL Zucker
2 Eier
400 ml Milch
Blaubeeren (eventuell
  tiefgefroren)
Butter zum Braten
Ahornsirup

Das Mehl mit Backpulver, Zucker und etwas Salz vermischen. Die Eier mit der Milch verschlagen, zugeben und kurz verrühren. Die Beeren hineingeben – tiefgefrorene müssen nicht aufgetaut sein.
In einer beschichteten Pfanne etwas Butter zerlassen, Teig hineingeben und etwa 3 Minuten anbraten. Den Pfannkuchen umdrehen und weitere 2 Minuten braten.
Großzügig in Ahornsirup tränken.

Da gefrorene Blaubeeren den Teig beim Auftauen lila färben, kann man die Beeren auch erst in der Pfanne über den Teig streuen.

Buttermilk Pancakes
Buttermilchpfannkuchen (All American)

für 4 Personen

300 g Mehl
1/2 TL Natron
2 Eier
400 ml Buttermilch
100 ml Milch
Butter zum Braten

Das Mehl mit Natron und 1/2 TL Salz vermischen. Die Eier mit Buttermilch und Milch verschlagen und langsam in die Mehlmischung einrühren.
In einer schweren Pfanne Butter zerlassen und den Teig schöpflöffelweise hineingeben, sodass handflächengroße Küchlein entstehen – den Teig nicht wie bei einem deutschen Pfannkuchen in der Pfanne verteilen. Erst wenden, wenn sich auf der Oberseite Blasen bilden und die Unterseite braun ist.

Variante
Wer seine Pfannkuchen noch leichter liebt, kann die Eier trennen, die Eigelbe mit der Milch verschlagen, das Eiweiß steif schlagen und unter den Teig heben.

Eggs Benedict on Toast
Verlorene Eier mit Sauce Hollandaise
(New York)

Der Legende nach bei Delmonico's (Seite 22) für ein Ehepaar namens LeGrand Benedict erfunden worden.

Vorbei die Zeiten, in denen Sauce Hollandaise eine Herausforderung war, schreibt der »New York Times«-Food-Kolumnist Mark Bittman in seinem überwältigenden 900-Seiten-Werk »How to cook everything«. Stimmt – fast: Er macht sie im Standmixer (Blender).

Das Ei pochieren: In einem Topf etwas Wasser zum Kochen bringen, dann die Hitze reduzieren, sodass es nur noch schwach köchelt. Den Essig zugeben. Ein Ei in einer Schöpfkelle aufschlagen, die Kelle kurz ins heiße Wasser halten und das Ei vorsichtig hinausgleiten lassen – der Dotter samt Eiweiß sollte ein Oval ergeben. Etwa 3 Minuten köcheln, bis das Eiweiß fest ist. Das Brot toasten. Das Ei mit einem Schaumlöffel herausfischen, drauflegen und mit Sauce Hollandaise servieren.

Für die Sauce in einem Töpfchen die Butter bei schwacher Hitze zerlassen. Die übrigen Zutaten in einem Standmixer kurz durchwirbeln. Durch das Loch in der Mixerhaube die Butter hineintröpfeln lassen – Vorsicht: Es kann spritzen!

Zum Warmhalten die Sauce in eine Metallschüssel gießen und über heißes Wasser hängen, dabei immer wieder umrühren.

pro Person:
1 Schuss heller Essig
(das Ei wird sonst rot)
1 Ei (so frisch wie möglich)
1 Scheibe Toastbrot

für die Sauce Hollandaise:
125 g Butter
3 Eigelb
wenig Senf
1 Prise Salz
1 Spritzer Zitronensaft

Huevos Rancheros
Tex-Mex-Bauernfrühstück (Südwesten)

für 1 Person

1-2 Spiegeleier
Tortillas (Seite 203)
Cheddar oder Gouda

für die einfache
   Tomatensalsa:
4 größere Tomaten
1 EL Limettensaft
2 EL Olivenöl
nach Geschmack: 1/2 kleine
   Zwiebel, 1 Chilischote,
   frischer Koriander

Für die Salsa die Tomaten häuten, halbieren, entkernen und klein schneiden. Auf der feinen Seite einer Vierkantreibe raffeln. Mit Limettensaft, Öl, Salz und Pfeffer abschmecken. Wer mag, kann Zwiebel hineinreiben, sehr fein gewürfelte Chilischote und gehackten Koriander untermischen.
Die Spiegeleier braten.
In einer Pfanne die Tortillas kurz erwärmen. Auf einen Teller legen, 1 EL Salsa darauf verstreichen, das Ei darauflegen und mit geriebenem Käse bestreuen. Nach Geschmack salzen und pfeffern.

Western Omelet
Gemüseomelett (Denver)

Das Western Omelet hat sich Anfang des 20. Jahrhunderts aus dem Denver-Sandwich entwickelt. Ein Unterschied zwischen beiden besteht nicht wirklich, sagen die einen. Die anderen dagegen meinen, ein Denver-Sandwich enthielte auch noch Käse …

für 2 Stück

2 Frühlingszwiebeln
je 1/2 grüne und rote
   Paprikaschote
1 dicke Scheibe gekochter
   Schinken (100 g)
4 Eier
Butter zum Braten
4 geröstete Scheiben
   Sandwichbrot

Die Frühlingszwiebeln fein würfeln, die Paprika entkernen, waschen und ebenfalls fein würfeln. Den Schinken in Würfel schneiden. Die Eier verquirlen.
In einer großen Pfanne Butter zerlassen, Zwiebeln und Paprika bei mittlerer Hitze etwa 3 Minuten dünsten, bis sie weich sind, aber noch Biss haben. Den Schinken dazugeben, salzen und pfeffern. Die Eier darübergeben und stocken lassen, eventuell die Pfanne mit einem Deckel schließen.
Als Sandwich servieren.

Egg foo yung
Chinesisches Omelett

*Mit dem Goldrausch von 1850 kam auch eine grö-
ßere Zahl Chinesen an die Westküste der USA.
Wie alle anderen wollten sie nach Gold schürfen.
Sie hatten aber weniger Rechte als europäisch-
stämmige Goldgräber, erhielten keine eigenen
Claims und verdingten sich daher als Land- oder
Bergarbeiter. Berühmt wurden sie für ihre Arbeit
an der transkontinentalen Eisenbahn. Da die Chinesen als »nicht assimilierbar« galten – Assimila-
tion war und ist wichtig im Vielvölkerstaat USA –,
wurden sie diskriminiert und verfolgt: 1882 wurde
ihnen die Immigration untersagt – ein Verbot, das
über 60 Jahre in Kraft blieb.
Einer der wenigen Berufe, die Chinesen ungehin-
dert ausüben konnten, war der des Kochs. So entstanden mit der Zeit viele chinesisch-amerikanische Gerichte.*

Die Frühlingszwiebel fein hacken, den Sellerie fein würfeln. Den Schinken in feine Würfel
schneiden. Die Eier mit der Sojasauce verschlagen und pfeffern, mit Gemüse und Schinken
mischen.
Öl erhitzen und mit einem Schöpflöffel etwa ein
Viertel der Masse in die Pfanne geben. Stocken
lassen, bis auch die Oberfläche nicht mehr flüssig ist, und wenden. Kurz zu Ende braten.

für 4 Personen

*1 Frühlingszwiebel
1 Stange Sellerie
100 g gekochter Schinken
4 Eier
1 Schuss Sojasauce
1 Handvoll Bohnensprossen
Erdnussöl zum Braten*

Variante
Das St.-Paul-Sandwich, eine regionale Variante
aus St. Louis, wird mit Mayonnaise und Dillgurken auf Weißbrot serviert.

Hangtown Fry
Speck-Austern-Omelett (Kalifornien)

*Das Rezept des kalifornischen Goldrauschs des
19. Jahrhunderts schlechthin: ein Omelett mit
Austern und Speck, auch damals nicht billig, aber
als Statussymbol des erfolgreichen Goldgräbers
sehr willkommen.
Seinen Ursprung hat es im heutigen Placerville
(vormals Hangtown, weil dort drei Desperados
gehängt wurden), einer ehemaligen Versorgungs-
station für Goldgräber. Die um San Francisco
gesammelten Austern wurden lebend in Fässern
transportiert, auch die Eier mussten sorgsam verpackt den rauen Ritt überstehen.
Ein fündig gewordener Goldgräber kam der Legende nach in den örtlichen Saloon und verlangte
das Teuerste, was der Wirt zu bieten hatte – so
wurde dieses Omelett kreiert.*

für 1 Person

*2 Streifen Frühstücksspeck
2 Eier
Milch
3 Austern
Semmelbrösel
eventuell Butter*

Den Frühstücksspeck knusprig braten und aus
der Pfanne nehmen. Die Eier aufschlagen und
mit etwas Milch verrühren. Die Austern öffnen
und aus der Schale nehmen, in die Eier tauchen
und in den Semmelbröseln wenden. Im Speckfett auf beiden Seiten kurz braten, eventuell etwas Butter beifügen. Den Speck wieder zugeben
und die Eier darübergießen. Stocken lassen und
servieren.

Hash Browns
Amerikanische Rösti (All American)

*Hash Browns ähneln Schweizer Rösti, und genau
wie diese werden sie entweder aus rohen oder gekochten Kartoffeln zubereitet. Aus gekochten Kartoffeln sind sie saugfähiger, also besser geeignet,
wenn man eine Sauce dazu reicht, aus rohen Kartoffeln werden sie knuspriger.*

Die rohen Kartoffeln raspeln.
In einer Pfanne Öl erhitzen und eine dünne
Schicht Kartoffeln etwa 8 Minuten braten, bis
sich von unten eine braune Kruste gebildet hat.
Umdrehen und von der anderen Seite bräunen,
zwischendurch salzen und pfeffern.

für 6 Personen als Beilage

1 kg Kartoffeln
Öl zum Braten

Grape Jelly
Violettes Traubengelee (All American)

Die Trauben von den Stängeln befreien, in einen
Topf geben und langsam zum Kochen bringen.
So lange kochen, bis sie weich sind. Durch ein
Mulltuch abgießen und austropfen lassen – wird
das Tuch ausgepresst, wird das Gelee trüb.
Den Saft abmessen und pro 1/4 l Saft etwa
250 g Zucker zugeben. In einen sauberen Topf
füllen und aufkochen. Die Hitze reduzieren und
weiterköcheln, nach etwa 10 Minuten die erste
Gelierprobe machen.
In sterilisierte Gläser füllen und zuschrauben.

für etwa 1200 ml Gelee

*2 kg violette Weintrauben,
möglichst noch nicht
ganz reif*
Zucker

Variante: Würziges Gelee
Eine Zimtstange oder ein paar Gewürznelken
zugeben und diese vor dem Abfüllen wieder
entfernen.

Applebutter
Apfelbutter (Pennsylvania Dutch)

»Dutch« *heißt eigentlich* »holländisch«, *aber in diesem Zusammenhang bezieht es sich auf deutsche Einwanderer. Die ersten Deutschen erreichten 1683 Pennsylvania, das nach dem englischen Gründer der Quäkerbewegung, William Penn, benannt wurde. Der Brotaufstrich, dem Pflaumenmus nicht unähnlich, wird seit mindestens 1765 gereicht.*

für etwa 1 1/2 l

2 kg Äpfel
etwas naturtrüber Apfelsaft
250-500 g Rohrzucker
1/2 TL gemahlener Zimt
1/4 TL Gewürznelkenpulver
1/4 TL gemahlener Piment
1 Zitrone (Saft)

Die Äpfel schälen, vierteln und entkernen. Mit dem Apfelsaft in einen Topf geben und langsam zum Kochen bringen. Die Hitze reduzieren und ständig umrühren, damit die Flüssigkeit nicht ansetzt, und eindicken.

Ist das Mus ziemlich dick, zunächst 200-250 g Zucker einrühren und abschmecken. Je nachdem, wie sauer die Äpfel waren, etwas mehr Zucker hinzufügen. Zimt, Nelken, Piment sowie etwas Zitronensaft zugeben und so lange köcheln (und rühren!), bis sich keine Flüssigkeit mehr oben absetzt.

In sterilisierte und leicht angewärmte Gläser füllen, zuschrauben und ein paar Minuten auf den Kopf stellen.

Nach dem Öffnen im Kühlschrank aufbewahren. Zügig verbrauchen, da das Mus sich nicht ewig hält – etwa vier Wochen sind kein Problem.

Applebutter schmeckt hervorragend als Brotaufstrich, auf Eierkuchen und Kartoffelpuffer oder in Joghurt und Quark.

Breakfast Burrito / Burritos Desayuno
Gefüllte Frühstücksfladen (New Mexico)

»Burrito« ist eine Verkleinerungsform und lässt sich mit »Eselchen« übersetzen. Im Südwesten der USA werden diese Frühstücksspezialitäten in jedem mexikanisch angehauchten Café angeboten. Im Grunde handelt es sich um an beiden Enden geschlossene Wraps.

Zwiebeln und Knoblauch hacken. Die Chilis halbieren, entkernen, waschen und klein hacken. Die Tomaten zerkleinern, den Saft auffangen. Öl erhitzen und das Fleisch von allen Seiten scharf anbraten. Zwiebeln und Knoblauch zugeben, 2 Minuten mitdünsten. Mit Wasser ablöschen, bis das Fleisch knapp bedeckt ist. Die Tomaten samt Saft zugeben, salzen, pfeffern und das Fleisch mindestens anderthalb Stunden schmoren, bis es buchstäblich zerfällt. Die Chilis hinzufügen und alles einkochen, bis praktisch keine Flüssigkeit mehr vorhanden ist. Mit Limettensaft abschmecken. Die Eier leicht verschlagen, zum Fleisch geben und bei mittlerer Hitze weiterkochen, bis sie gestockt sind. Die Mischung in die Tortillas einrollen und dazu Salsa reichen.

mindestens 1 1/2 Stunden vorher beginnen
für 6 Personen

2 Zwiebeln
2 Knoblauchzehen
grüne Chilischoten nach Geschmack
1 Dose Tomaten (400 ml)
Öl zum Braten
750 g Gulasch
1-2 Limetten (Saft)
4 Eier
6 Tortillas (Seite 203)
Salsa del Norte oder Pico de Gallo (Seite 196)

Scrapple
Frühstücksfleisch (Eastern Pennsylvania Dutch)

»Scraps« sind »Reste«, »scrap metal« »Schrott« – und »Scrapple« also gewissermaßen »Schweineschrott«, das heißt eine Art Wurst aus dem, was beim Schlachten übrig bleibt, plus Getreide und Gewürze.
Ein deftiges Frühstück, das Rheinländer mit in die Neue Welt gebracht haben – vielleicht auch meine Vorfahren, die 1686 als deutsche Quäker aus Kriegsheim am Rhein kamen.

am Vortag beginnen
für 4-6 Personen

1 Schweinshaxe
Öl zum Braten
200 g Schweineleber
und/oder -herz
150 g durchwachsener Speck
500 g Hackfleisch vom Schwein
1 Zwiebel
1 Stange Sellerie
1 Lorbeerblatt
50 g Buchweizenmehl
200 g Maismehl
1/2 TL Salbei
Muskatnuss
1/2 TL Thymian
Mehl zum Wenden
Schmalz zum Braten

In einem Topf 2 l Wasser erhitzen und die Haxe gut eine Stunde kochen. In einer Pfanne Öl erhitzen und die Leber braten. Die Haxe herausnehmen, die Brühe aufbewahren, Fleisch und Fett vom Knochen lösen. Mit der Leber und dem Speck durch den Fleischwolf drehen oder sehr fein hacken. Mit dem Hackfleisch in die Brühe geben. Zwiebel und Sellerie klein hacken und mit dem Lorbeerblatt zugeben.
Buchweizen- und Maismehl mischen, Salbei, geriebenen Muskat, Thymian, Salz und Pfeffer hinzufügen. Die Mischung langsam in die Brühe rieseln lassen und kräftig rühren, da es leicht ansetzt. Eine Stunde köcheln, dabei immer wieder rühren.
Die Masse in eine oder zwei Kastenformen füllen und über Nacht erkalten lassen.
Am nächsten Morgen in Scheiben schneiden, in Mehl wenden und in Schmalz braten.
Kann mit Spiegelei, aber auch mit gebratenen Äpfeln und Rohrzucker serviert werden.

Variante
Das Buchweizen- durch Maismehl ersetzen – oder alles Mehl durch Haferflocken.

Creamy Breakfast Grits
Cremiger Maisbrei (Südstaaten)

Die Ureinwohner Amerikas bearbeiteten ihren Mais mit einer Beize aus Kalk (Kalziumhydroxid), um ihn von den Hülsen zu befreien. Dadurch war er auch besser vom menschlichen Organismus zu verarbeiten.

Als die »Entdecker« der Neuen Welt das neuartige Getreide mit nach Europa brachten, wurde dies Verfahren vernachlässigt, was prompt zu Mangelerscheinungen (Pellagra) führte.

In den Südstaaten heißt derartig behandelter Mais Hominy oder auch Grits, in Mexiko Masa harina. Ersatzweise kann Maismehl oder Maisgrieß (Polenta) verwendet werden.

Grits wird zum Frühstück oder als Beilage zum Lunch oder Dinner gereicht.

Ursprünglich ein indianisches Gericht, ist es bereits seit dem 16. Jahrhundert auch europäischen Einwanderern bekannt.

Das Gebiet zwischen Louisiana und den Carolinas ist auch als der »Grits belt« bekannt.

Da der Brei leicht ansetzt, sollte er entweder ständig gerührt oder im Wasserbad zubereitet werden.

In einem Topf 1/2 l Wasser zum Kochen bringen, Grits langsam hineinrieseln lassen und unter ständigem Rühren etwa 30 Minuten kochen, bis ein angenehm dicker Brei entsteht.

Mit Butter und Salz abschmecken.

für 4 Personen

350 ml Milch oder Sahne
125 g Grits oder Masa harina (ersatzweise Polenta)
75 g Butter

Grits with Shrimp
Maisbrei mit Garnelen (Low Country)

Seit 1976 ist Grits die offizielle Staatsspeise in South Carolina und besonders typisch für Charleston.

für 5 Personen

750 g rohe Garnelen
mit Schale
3 El frischer Limettensaft
350 ml Hühnerbrühe
1/4 l Sahne
75 g Butter
150 g Maismehl
2 Schalotten
1 Knoblauchzehe
1/2 Paprikaschote
8 Scheiben Frühstücksspeck

1/2 l Wasser erhitzen und die Garnelen kochen, bis sie ihre Farbe wechseln und pink werden. Abgießen, die Brühe aufbewahren. Die Garnelen schälen, den Darm entfernen. Mit Limettensaft beträufeln.

Hühnerbrühe und Sahne zur Garnelenbrühe gießen, Butter zugeben, mit Salz und Pfeffer abschmecken. Zum Kochen bringen, dann die Hitze reduzieren und langsam das Maismehl hineinrieseln lassen, dabei ständig rühren, da es leicht ansetzt. Etwa 30 Minuten erhitzen, bis der Brei angenehm dick und essbar ist.

Schalotten und Knoblauch fein hacken, die Paprika entkernen, waschen und fein würfeln.

In einer Pfanne den Speck knusprig braten, aus der Pfanne nehmen. Das Gemüse hineingeben und dünsten, bis die Zwiebeln weich und glasig sind. Garnelen und Speck zugeben und kurz erhitzen.

Den Maisbrei mit der Garnelenkomposition servieren.

◆

Bagels, Bread and more
Bagels, Brot und mehr

◆

Bagels
Hefeteigkringel (New York / Jüdisch)

In New Yorker Vororten in den 1950er Jahren, als Antisemitismus noch weit verbreitet war und man seine jüdischen Wurzeln nicht an die große Glocke hängte, erkannten sich jüdische Familien daran, dass sie sonntags Bagels zum Frühstück aßen. Seit den 1980er Jahren sind die Kringel Mainstream geworden und nicht mehr allein dem Sonntag vorbehalten.
Das Besondere an ihrer Zubereitung ist, dass sie erst gekocht und dann gebacken werden.

mindestens 1 1/2 Stunden vorher beginnen
für 10 Stück

1/2 Würfel frische Hefe
2 EL Ahornsirup
500 g Mehl

Zerdrückte Hefe und Sirup mit einer Gabel verrühren, bis die Hefe flüssig ist. Das Mehl mit 1-2 TL Salz vermischen, die Hefe unterrühren. Nach und nach 325 ml Wasser zugießen und kneten, bis der Teig nicht mehr klebt. Zugedeckt mindestens eine Stunde gehen lassen.
Durchkneten und in zehn gleich große Stücke teilen. Diese zu Würsten rollen und zu einem Kreis biegen. 10 Minuten ruhen lassen.
Den Backofen auf 200° C vorheizen.
Währenddessen in einem großen Topf so viel Wasser zum Kochen bringen, dass die Bagels reichlich Platz darin haben. Einen nach dem anderen in den Topf gleiten lassen – sie werden erst zu Boden sinken und dann an die Wasseroberfläche steigen. Die Bagels 1 Minute kochen, wenden und 1 weitere Minute kochen. Mit einem Schaumlöffel herausheben und auf ein eingefettetes Backblech geben. Den Ofen mit Wasser aussprühen, damit Dampf entsteht, und das Blech hineinschieben. Nach 5 Minuten noch einmal sprühen. Die Bagels ingesamt etwa 25 Minuten backen, bis sie eine schöne, braune Farbe annehmen.
Herausnehmen und mit sehr wenig Wasser besprühen, damit sie Glanz annehmen.

German Soft Pretzels
Deutsche Brezeln (Philadelphia)

Ein weiterer deutscher Beitrag zur amerikanischen Küche aus dem Erbe der Pennsylvania Dutch. In Philadelphia kann man sie an jeder Ecke kaufen.

Zerdrückte Hefe und Zucker mit einer Gabel verrühren, bis die Hefe flüssig ist. Das Mehl mit 1 TL Salz vermischen, eine Mulde hineindrücken und die Hefe in die Mulde geben. Langsam mit dem Mehl vermischen, nach und nach die warme (nicht heiße!) Milch zugießen und alles zu einem Teig verkneten. Auf einer Arbeitsfläche 10 Minuten kneten, in eine Schüssel geben und zugedeckt eine Stunde gehen lassen. Durchkneten und in 20 gleich große Stücke teilen. Diese zu etwa 35 cm langen Würsten rollen, aus jeder ein U formen und die Enden in Brezelmanier überklappen. Auf ein Backblech geben, dabei genügend Abstand lassen, und nochmals 15 Minuten gehen lassen.
Währenddessen den Ofen auf 230° C vorheizen. 2 l Wasser aufkochen und 2 EL Salz darin auflösen.
Die Brezeln 5 Minuten backen, aus dem Ofen nehmen, die Hitze auf 180° C reduzieren. Die Brezeln auf einem Schaumlöffel einzeln kurz ins Wasser tauchen und zurück auf das Blech legen.
Zuletzt das Eiweiß mit 1 EL Wasser vermischen, die Brezeln damit bestreichen und mit grobem Salz bestreuen. Zurück in den Ofen schieben und etwa 20 Minuten backen.

*mindestens 2 Stunden
vorher beginnen
für 20 Stück*

*1/2 Würfel frische Hefe
1 EL Zucker
500 g Mehl
375 ml warme Milch
1 Eiweiß
grobes Salz zum Bestreuen*

Parker House Rolls
Hefebrötchen (Boston)

*Das Parker House in Boston ist die älteste Nobel-
herberge der USA. Bekannt ist es, weil sich dort ab
1855 der Saturday Club traf, dem unter anderen
die amerikanischen Schriftsteller und Philosophen Henry David Thoreau, Ralph Waldo Emer-
son und Nathaniel Hawthorne angehörten. Auch
Charles Dickens schaute auf seiner Amerikareise
dort vorbei.*

*Ein Bäcker namens Ward machte Parker um 1865
auf die Semmeln aufmerksam, die anschließend
unter dem Namen des Hotels vertrieben wurden
und frisch aus dem Backofen weggingen wie …*

für 12 Stück

1/2 Würfel frische Hefe
1 EL Zucker
550 g Mehl
300 ml lauwarme Milch
*   oder mehr*
2 EL weiche Butter
3 Eigelb
flüssige Butter

Zerdrückte Hefe und Zucker mit einer Gabel
verrühren, bis die Hefe flüssig ist. Das Mehl mit
1 TL Salz vermischen, eine Mulde hineindrücken
und die Hefe in die Mulde geben. Mit Mehl bedecken und kurz gehen lassen. Die Milch mit
Butter und Eigelben verschlagen, langsam ins
Mehl rühren, bis das Mehl die Flüssigkeit aufgenommen hat. Den Teig auf einer bemehlten
Arbeitsfläche ein paar Minuten gut durchkneten. In einer Schüssel zugedeckt gehen lassen,
bis der Teig sein Volumen verdoppelt hat.
Den Backofen auf 220° C vorheizen. Den Teig
1 cm dick ausrollen, mit einem Glas oder Aus-
stecher (7,5 cm Durchmesser) Kreise ausstechen, Teigreste kurz durchkneten und nochmals ausstechen. Die Kreise in die flüssige
Butter tauchen, zusammenklappen, auf ein mit
Backpapier ausgelegtes Blech legen und gehen
lassen. Die Brötchen etwa 18 Minuten backen.

Sour Dough Bread
Sauerteigbrot
(San Francisco und Alaska)

Das wahrscheinlich bekannteste Brot der USA. Als im 19. Jahrhundert schließlich Hefe und Backpulver zur Verfügung standen, verwendeten fast nur noch Pioniere in der Wildnis die 6000 Jahre alte Sauerteigmethode, unter anderen die Goldgräber, die dann auch »Sourdoughs« genannt wurden. Dieses Rezept gibt dem Sauerteig gewissermaßen Starthilfe, indem es Hefe verwendet. Traditionell wird der Sauerteig ohne Hefe angesetzt. Verwenden Sie nicht allen Sauerteig, sondern heben Sie eine Tasse voll auf und »füttern« Sie ihn weiter, bis Sie wieder backen.

Für den Sauerteig die Hefe in 100 ml warmem Wasser (40-45° C) auflösen. Honig oder Zucker sowie 100 g Mehl hinzufügen und rühren, bis eine Art Pfannkuchenteig entsteht. Bei Zimmertemperatur mit einem Geschirrtuch bedeckt stehen lassen. Vier Tage lang den Teig mit je 100 g Mehl und 100 ml lauwarmen Wasser »füttern«, dabei gut umrühren, bis ein angenehmes Aroma entsteht, das leicht an im Keller eingelagerte Äpfel erinnert.

Für das Brot den Sauerteig mit allen Zutaten gut mischen und auf einer bemehlten Arbeitsfläche gut durchkneten. Über Nacht gehen lassen.

Am nächsten Tag den Ofen auf 200° C vorheizen. Den Teig nochmals durchkneten, zwei Laibe formen, die Brotrücken mit einem scharfen Messer dreimal diagonal einritzen. Die Brote etwa 45 Minuten backen, bis sie hohl klingen, wenn man von unten daraufklopft.

10 Tage vorher beginnen
für 2 Stück

für den Sauerteig:
1 Päckchen Trockenhefe
1 EL Honig oder Zucker
500 g Mehl

für das Brot:
550 g Mehl
1 EL Zucker oder Honig
375 ml lauwarmes Wasser
2 TL Salz

Rye Bread with Caraway
Roggenkümmelbrot (Deutsch)

In den amerikanischen Supermärkten meiner Kindheit gab es drei Sorten Brot: Weißbrot, Weizenvollkornbrot und Roggenbrot, alle in der identischen Kastenform, alle geschnitten, alle weich und in Plastik verpackt.

am Vortag beginnen
für 2 Stück

für den Sauerteig:
1/2 Würfel frische Hefe
225 g Roggenmehl

für das Brot:
250 g Roggenmehl
500 g Weizenmehl
1/2 Würfel frische Hefe
1 EL Kümmel

Für den Sauerteig Hefe, 65 ml lauwarmes Wasser und 75 g Roggenmehl miteinander vermischen. An einem warmen Ort zugedeckt 24 Stunden stehen lassen. Am nächsten Tag 200 ml lauwarmes Wasser und 150 g Roggenmehl zugeben. Den Teig zugedeckt einige Stunden gären lassen. Für das Brot das Roggen- und 250 g Weizenmehl mit 1/2 l lauwarmem Wasser vermischen, bis ein glatter Teig entsteht. Gehen lassen, bis sich sein Volumen verdoppelt hat. Hefe, 1 TL Salz, das restliche Weizenmehl und Kümmel hinzufügen. Erneut alles gut durchkneten und 30 Minuten ruhen lassen – der Teig sollte so fest sein, dass er nicht auseinandergeht, wenn man ihn formt. Zwei Laibe formen, rund oder länglich, und auf einem eingefetteten Backblech ruhen lassen, während der Ofen auf 210° C vorheizt. Eine Auflaufform, in der 1 cm hoch das Wasser steht, in den unteren Bereich des Ofens schieben. Die Brote etwa eine Stunde backen, bis sie hohl klingen, wenn man von unten daraufklopft.

Potato Bread
Kartoffelbrot (Irisch)

Die große Einwanderungswelle aus Irland setzte ab 1845 ein, als dort die Kartoffelpest wütete. Diese Menschen waren im Gegensatz zu den Iren, die vor der Revolution gekommen waren und meist ein Handwerk beherrschten, ungelernte Landarbeiter. In den amerikanischen Städten, in denen sie sich niederließen, ging es ihnen aber kaum besser als zu Hause auf der Grünen Insel.

Die Kartoffel schälen und in Salzwasser gar kochen. Abgießen, 600 ml Wasser aufbewahren. Die Kartoffel zerdrücken und mit dem Wasser mischen. Zerdrückte Hefe und Zucker mit einer Gabel verrühren, bis die Hefe flüssig ist. Öl und 1 EL Salz ins Kartoffelwasser geben, glatt rühren. Die Hälfte des Mehls untermischen, die Hefe zugeben, gut durchmischen und das restliche Mehl untermischen. Den Teig auf einer Arbeitsfläche 10 Minuten durchkneten. In einer Schüssel mit einem Geschirrtuch bedeckt etwa eine Stunde gehen lassen. Durchkneten und den Teig halbieren, zwei Laibe formen und nochmals 30 Minuten gehen lassen.
Die Brote bei 200° C etwa 40 Minuten backen, bis sie hohl klingen, wenn man von unten daraufklopft.

mindestens 1 1/2 Stunden vorher beginnen
für 2 Stück

1 große Kartoffel
1 Würfel frische Hefe
1 EL Zucker
2 EL Öl
900 g Mehl

Corn Bread
Maisbrot (All American)

In den Südstaaten kommt kein Zucker in den Teig – das machen nur Yankees.

für 1 Stück

100 g Mehl
150 g Polenta
1/2 TL Backpulver
1 EL Zucker oder Ahornsirup
  (in den Nordstaaten)
1 Ei
225 ml Milch oder
  Buttermilch
60 g Butter

Mehl, Polenta, Backpulver, 1/2 TL Salz und eventuell Zucker mischen. Das Ei in der Milch verschlagen. Die Butter zerlassen. Alle Zutaten schnell und kurz zusammenrühren. Eine kleine Auflaufform ausbuttern und den Teig hineingeben. Bei 200° C Umluft etwa 20 Minuten backen.

Variante
Maismuffins brauchen bis zu 2 EL mehr Zucker im Teig – in Muffinsformen füllen und bis zu 20 Minuten backen.

Boston Brown Bread
Früchtebrot aus der Dose
(Massachusetts)

Das Brot wurde in früheren Zeiten mit Baked Beans, gebackenen Bohnen, serviert. Das Besondere an diesem Brot ist, dass es in Dosen gedämpft wird. Sie können aber auch eine Puddingform verwenden.

Die Melasse in Buttermilch auflösen, die Sultaninen hinzufügen. Die drei Mehlsorten mit 1 TL Salz und Natron vermischen und in die Buttermilch einrühren. 2 große Dosen (zum Beispiel von Tomaten) gründlich auswaschen und abtrocknen. Mit Butter auspinseln, den Teig gleichmäßig darin verteilen. Locker mit Backpapier zudecken, es sollte nicht straff sitzen, und das Papier um die Dose herum festbinden. In einem großen Topf so viel Wasser zum Kochen bringen, dass die beiden Dosen zu drei Vierteln von Wasser umgeben sind. Die Dosen ins kochende Wasser stellen, den Topf mit einem gut schließenden Deckel verschließen und die Brote zwei Stunden und 15 Minuten dämpfen.

Nach dem Herausnehmen sofort das Backpapier entfernen und das Brot aus den Dosen holen.

mindestens 2 1/2 Stunden
vorher beginnen
für 2 Stück

175 ml Melasse
1/2 l Buttermilch
150 g Sultaninen
150 g Roggenmehl
150 g Weizenvollkornmehl
150 g Maisgrieß
1 TL Natron
1 EL weiche Butter

Challah
Hefezopf (Jüdisch)

700 g Mehl
1/2 Würfel frische Hefe
1 EL Akazienhonig
3 Eier
325 ml handwarme Milch
Butter zum Einfetten
1 Eigelb
1 EL Mohn

Das Mehl mit 1 1/2 TL Salz vermischen. Zerdrückte Hefe und Honig mit einer Gabel verrühren, bis die Hefe flüssig ist. Die Eier in die Milch schlagen. Die Hefe zum Mehl geben, langsam die Eier-Milch-Mischung einrühren, bis das Mehl die Flüssigkeit aufgenommen hat. Kurz kneten, eine Kugel formen und in eine eingefettete Schüssel legen. An einem warmen Ort zugedeckt mindestens eine Stunde gehen lassen.
Den Backofen auf 180° C vorheizen.
Den Teig durchkneten und in drei gleich große Stücke teilen. Diese zu etwa 30 cm langen Würsten rollen und flechten. Mit Eigelb bestreichen, mit Mohn bestreuen und etwa 40 Minuten backen.

Anadama Bread
Süßes Maisbrot (Massachusetts)

Die Legende will wissen, dass dieses Brot nach einer faulen Fischersfrau benannt wurde, die sich weigerte, ihrem hungrigen Mann Brot zu backen, wenn er nach Hause kam (Bostoner Feministinnen würden diese Geschichte sicherlich anders interpretieren). Er warf daraufhin alle möglichen Zutaten in eine Schüssel und buk daraus Brot. Dabei soll er geflucht haben:»Anna, damn her!«

In einem Topf 1/2 l Wasser zum Kochen bringen und den Maisgrieß langsam hineinrieseln lassen, dabei ständig rühren. 5 Minuten köcheln, den Topf vom Herd nehmen, 75 g Butter, Melasse und etwas Salz hineingeben. In einer Schüssel abkühlen lassen, bis der Teig lauwarm ist. Die Hefe in 120 ml lauwarmem Wasser auflösen, kurz gehen lassen und zugeben. Nach und nach das Mehl hineinrühren oder -kneten, bis der Teig sich von der Schüssel löst. Auf einer Arbeitsfläche etwa 10 Minuten durchkneten, bis der Teig eine glatte, elastische Konsistenz hat. Mit der restlichen, zerlassenen Butter einpinseln. In einer Schüssel an einem warmen Ort zugedeckt eine gute Stunde gehen lassen. Zwei kleine Kastenformen mit Butter einfetten.

Den Teig nochmals kurz durchkneten, teilen, in die Formen geben und 30 Minuten gehen lassen.

Den Backofen auf 190° C vorheizen. Die Brote etwa eine Stunde backen.

Vor dem Anschneiden abkühlen lassen.

mindestens 2 1/2 Stunden vorher beginnen
für 2 Stück

100 g Maisgrieß
150 g Butter
120 ml Melasse
1 Päckchen Trockenhefe
550 g Mehl

Cranberry Bread
Moosbeeren-Brot

Die Cranberry, eine Verwandte der europäischen Preiselbeere, wächst wild in den Sümpfen des Nordostens und wurde schon Jahrhunderte vor der europäischen Besiedelung von der einheimischen Bevölkerung gesammelt und getrocknet. Kultiviert wurde sie ab dem 19. Jahrhundert vor allem auf Cape Cod in Massachusetts.

200 g Cranberries
2 EL Zucker
60 g Walnusskerne
300 g Mehl
5 EL Zucker
1 1/2 TL Backpulver
1/2 TL Natron
1 Ei
2 EL weiche Butter
50 ml frisch gepresster Orangensaft
1 EL abgeriebene Orangenschale
125 ml Milch

Die Cranberries grob hacken und mit Zucker bestreuen. Die Nüsse hacken. Den Backofen auf 175° C vorheizen. Eine 30 cm lange Kastenform ausbuttern.
Das Mehl mit Zucker, 1/2 TL Salz, Backpulver und Natron vermischen. Das Ei mit Butter, Orangensaft, -schale und Milch verschlagen. Die Cranberries zugeben, die Mehlmischung unterrühren. Zuletzt die Nüsse unterheben. Das Brot etwa 50 Minuten backen, dann testen, ob es gar ist.
Vor dem Anschneiden abkühlen lassen.

◆

Dips, Snacks, Sandwiches
Dips, Snacks, Sandwichs

◆

Pimento Cheese
Paprika-Käse-Aufstrich (Südstaaten)

Pimentos sind kleine, rote Paprika (von der Art, mit der man Oliven füllt) und hierzulande schwer zu bekommen. Wenn man sie nicht aus den Oliven herauskratzen will, kann man ersatzweise eingelegte rote Paprika verwenden.

100 g Frischkäse
100 ml Mayonnaise
1 Knoblauchzehe
1 kleine Schalotte
100 g orangefarbener
  Cheddar oder Red
  Leicester
2 EL klein geschnittene
  Pimentos, Jalapeños
  oder andere Chilis
Cayennepfeffer nach
  Geschmack

Frischkäse und Mayonnaise verrühren, zerdrückten Knoblauch und geriebene Schalotte unterrühren. Den Cheddar raspeln und mit den Pimentos unter die Käsecreme mischen. Mit Salz, Pfeffer und Cayennepfeffer abschmecken.

Clam Dip
Muscheldip

Clam Dip wurde bereits an Woodrow Wilsons Tisch serviert.

200 g gehackte Vongole aus
  der Dose (abgegossen)
1 geriebene kleine Schalotte
1 TL Worcestershire-Sauce
1 TL Zitronensaft
200 g Frischkäse
Salz und Pfeffer

Alles miteinander vermengen und zu Crackern servieren.
Hervorragend auch als Dip zum Füllen von Selleriestangen.

Red Caviar Dip
Roter-Kaviar-Dip

Alles bis auf den Kaviar gut verrühren, sodass eine glatte Creme entsteht, mit Salz und Pfeffer abschmecken. Den Kaviar vorsichtig unterheben.

200 g Frischkäse
100 g Sahne
1 TL geriebene Zwiebel
ein paar Spritzer Zitronensaft
50 g roter Kaviar (Rogen, etwa von Ikea)

Cheese Ball
Käsekugel

Ein Rezept aus dem 1957 erschienenen Kochbuch von Helen Corbitt, die damals die Restaurants bei Neiman-Marcus leitete, einer Edelkaufhauskette.

Den Cheddar und den geräucherten Käse auf der feinen Seite einer Vierkantreibe reiben. Mit dem Blauschimmelkäse, der Hälfte des Frischkäses, Senf, geriebener Schalotte, zerdrücktem Knoblauch und Salz mischen und so viel Portwein zugießen, dass das Ganze geschmeidig formbar, aber nicht flüssig wird. Zu einer Kugel formen. Den restlichen Frischkäse mit den geriebenen Roten Beten und dem Meerrettich verrühren, über die Kugel verteilen und zum Festwerden in den Kühlschrank legen. Herausnehmen und mit Petersilie bestreuen.

400 g Cheddar
100 g geräucherter Käse
100 g weicher Blauschimmelkäse
400 g Frischkäse
1 EL Senf
1 Schalotte
2 Knoblauchzehen
1 EL Portwein
100 ml eingelegte Rote Beten
2 EL Meerrettich
gehackte Petersilie

Bierocks
Teigtaschen (Dakotas)

Der Name geht auf Pierogi zurück, eine aus Osteuropa stammende Teigtasche, die mit Kohl und Fleisch gefüllt wird und bei den Russlanddeutschen im Mittleren Westen sehr beliebt ist. Im frühen 19. Jahrhundert waren deutsche Bauern nach Bessarabien (heute etwa das Gebiet der Republik Moldau) ausgewandert. Als sich die Lebensbedingungen dort verschlechterten, emigrierten viele in die USA und landeten um 1870 in den Dakotas. In den Jahren 1887 bis 1892 kamen über 16.000 Menschen. Sie verstanden sich noch als Deutsche, obwohl sie nie in Deutschland gewesen waren.

*mindestens 1 1/2 Stunden
vorher beginnen
für 8 Personen*

*1 Päckchen Trockenhefe
800 g Mehl
1 EL Zucker
2 Eier
3 EL Öl
Butter zum Bestreichen*

*für die Füllung:
2 Zwiebeln
800 g Weißkohl
Petersilie
Öl zum Braten
800 g Hackfleisch vom Rind
4 Wacholderbeeren
200 g Sauerkraut*

Die Hefe in etwas warmem Wasser auflösen. Das Mehl mit Zucker und 1 bis 2 TL Salz vermischen, etwa 1/2 l lauwarmes Wasser zugießen und zu einem Teig verrühren. Die Eier mit Öl verschlagen und untermischen. Alles zu einem glatten Teig verkneten und eine Stunde gehen lassen.

Durchkneten, in 16 Stücke teilen und diese so dünn wie möglich zu einem Rechteck ausrollen.

Für die Füllung die Zwiebeln klein hacken. Den Weißkohl fein schneiden. Die Petersilie hacken. Öl erhitzen und das Hackfleisch anbraten, die Zwiebeln zugeben und dünsten, bis das Fleisch durch und die Zwiebeln ein wenig weich sind. Mit Salz und Pfeffer abschmecken. Aus der Pfanne nehmen. Den Weißkohl mit Wacholderbeeren in die Pfanne geben und mit etwas Wasser dämpfen, bis er an Festigkeit verliert, aber noch nicht weich ist. Sauerkraut und Fleisch zugeben, weitere 10 Minuten dünsten. Zuletzt die Petersilie untermischen.

Die Füllung auf eine Hälfte eines Rechtecks setzen, die andere Hälfte darüberklappen und gut verschließen. Mit zerlassener Butter bepinseln und im Ofen bei 170° C etwa 25 Minuten backen.

Im Sommer mit Gurkensalat, im Winter mit sauren Gurken reichen.

Whitefish Dip
Räucherfisch-Aufstrich

Wenn der Fisch noch Haut und/oder Gräten hat, diese entfernen. Den Fisch zerpflücken, mit Frischkäse und Mayonnaise mischen. Mit frisch gemahlenem Pfeffer, Meerrettich und Zitronensaft abschmecken.

*120 g geräucherter weiß-
fleischiger Fisch*
120 g Frischkäse
2 EL Mayonnaise
1-2 TL Meerrettich
*ein paar Spritzer
Zitronensaft*

Guacamole
Avocadocreme mit Koriander
(Südwesten)

Eine reife Avocado aushöhlen, eventuell braune Stellen großzügig entfernen. Den Koriander hacken.

Die Avocado mit Tabasco, Limettensaft, zerdrücktem Knoblauch und Koriander mischen, mit Salz und Pfeffer abschmecken.

1 Avocado
1/2 Bund frischer Koriander
ein paar Spritzer Tabasco
1 EL Limettensaft
1-2 Knoblauchzehen

Nachos
Tortilla-Chips mit Käse überbacken (Südwesten)

Kaufen Sie keine Chips mit Paprikageschmack – unamerikanischer ginge es nicht!

für 4 Personen zum Naschen

1 Tüte Tortilla-Chips
100-150 g Käse (Cheddar,
Mozzarella, junger
Gouda, Butterkäse)
1 Glas Salsa

Den Backofen auf 200° C vorheizen. Die Tortilla-Chips so auf einem Blech oder einer flachen Auflaufform verteilen, dass sie sich berühren, aber nicht übereinanderliegen. Den Käse auf der groben Seite einer Vierkantreibe reiben und nicht zu dick über den Chips verteilen.
Kurz in den Ofen geben und nur so lange darin lassen, dass der Käse schmilzt. Nach etwa 3 Minuten nachsehen, ob es schon so weit ist.

Quesadillas
Käsefladen (Tex-Mex)

für 4 Personen als Vorspeise

8 Tortillas (Seite 203)
250 g Käse (Cheddar,
Mozzarella, junger
Gouda, Butterkäse)
Salsa del Norte oder
Pico de Gallo (Seite 196)
Guacamole (Seite 93)

Eine Tortilla in eine beschichtete oder normale eingefettete Pfanne legen und ein Viertel des Käses in die Mitte geben – er sollte nicht bis zum Rand gehen, da er sonst beim Braten herausläuft. Etwas Salsa del Norte oder Pico de Gallo daraufgeben und mit einer zweiten Tortilla bedecken.
Etwa 3 Minuten braten, umdrehen und die andere Seite weitere 2 Minuten braten. Im Ofen warm halten, bis die anderen Quesadillas fertig sind.
Vierteln und mit Guacamole servieren.

Queso flameado
Flammender Käse (Arizona)

Eine flache Auflaufform im auf 180° C vorge-
heizten Ofen einige Minuten erwärmen. Her-
ausnehmen und den Käse hineingeben – er sollte
den Boden gut bedecken. Chili- und Speck- oder
Wurststücke darüberstreuen. Die Form in den
Ofen stellen, bis der Käse nach etwa 10 Minuten
anfängt, Blasen zu werfen. Währenddessen die
Tortillas im Ofen erwärmen.
Nach dem Herausnehmen sofort essen – mit
Salsa.

für 4 Personen als Vorspeise

300 g geriebener Cheddar
klein gehackte Chilischoten
nach Geschmack
150 g knusprig gebackene
Speckwürfel oder
würzige, gebratene
Wurststückchen
8 Tortillas (Seite 203)
Salsa del Norte oder
Pico de Gallo
(Seite 196)

Cowboy Toast
Kuhhirtenstulle (Wilder Westen)

Wer vom Vorabend übrig gebliebene Biscuits hat,
kann folgendes Rezept probieren, das sich in den
Lagern der Cowboys und auf den Ranchs großer
Beliebtheit erfreute.

Die Biscuits halbieren und in der Pfanne rösten, bis sie braun werden. Mit Zucker und Piment bestreuen, Butter zugeben und Milch angießen, bis sie knapp bedeckt sind. 10 Minuten
köcheln.

für 1 Person

2 altbackene Buttermilk
Biscuits (Seite 206)
2 TL Zucker
1 Prise gemahlener Piment
1 TL Butter
Milch, um die Biscuits knapp
zu bedecken

Tuna Sandwich
Thunfisch-Sandwich

Im späten 19. Jahrhundert wurde Weißbrot erschwinglich für die Massen, damit begann der Aufstieg des Sandwichs. Als in den 1920er Jahren Brot auch noch maschinell geschnitten und verpackt werden konnte, war sein Siegeszug nicht mehr aufzuhalten. Mit der idiomatischen Redewendung »the best thing since sliced bread« drückt man Begeisterung aus.

1 Dose Thunfisch in Öl
1/2 Schalotte
1-2 Stangen Sellerie
1 Spritzer Zitronensaft
2 EL Mayonnaise oder mehr,
   je nach Geschmack
4 Scheiben Sandwichbrot
Tomatenscheiben und Salatblätter nach Geschmack

Das Öl aus der Dose abtropfen lassen. Die Schalotte reiben, den Sellerie fein würfeln. Den Thunfisch mit den restlichen Zutaten vermischen, mit Salz und Pfeffer abschmecken. Aufs Brot schmieren, mit Salatblättern und Tomatenscheiben belegen.

Varianten
- Chicken Sandwich: Hervorragend mit kalten Hühnerresten, nur die Zitrone weglassen.
- Ein Tuna Sandwich mit einer Scheibe Schmelzkäse bedeckt und auf den Grill gelegt ergibt einen Klassiker der Sandwichkultur: das Tuna Melt.

BLT – Bacon, Lettuce, Tomatoes
Speck, Salat und Tomaten
(All American)

Steht an zweiter Stelle auf der Beliebtheitsskala der amerikanischen Sandwichs. Number One ist das mit Schinken.

3 Scheiben Frühstücksspeck
2 Scheiben Sandwichbrot
Mayonnaise
1 knackiger Salat
4 Tomatenscheiben

Den Speck knusprig braten. Eine Scheibe Brot – nach Geschmack getoastet oder nicht – mit Mayonnaise bestreichen, mit Salat, Tomaten und Speck belegen. Die zweite Scheibe Brot darauflegen.

Grilled Cheese Sandwich
Überbackene Käsestulle

Bei diesen Sandwichs unterscheidet man zwischen offenen und geschlossenen.

Für ein offenes Sandwich das Brot zunächst toasten und buttern. Mit einem Belag der Wahl versehen und mit Käse abschließen. Kurz unter den angeheizten Grill legen, bis der Käse den gewünschten Schmelzgrad erreicht hat. Für ein geschlossenes Sandwich den Belag zwischen zwei Scheiben Brot geben, diese von außen buttern und in einer Pfanne braten.

Sandwichbrot
Käse zum Überbacken
Tomaten
Salami oder Schinken

Cubano
Kubanisches Sandwich (Florida)

Das kubanische, eine Variante des Ham and Cheese Sandwichs, wurde um die Wende zum 20. Jahrhundert bekannt und war sehr populär bei den Arbeitern und Arbeiterinnen in den Zigarrenfabriken. Eine noch nicht beigelegte Diskussion dreht sich um die Frage, ob ein richtiges Cubano Salami enthalten darf. Entscheiden Sie selbst!

Das längs halbierte Brot mit Butter, Mayonnaise und Senf bestreichen, den Aufschnitt in Lagen darauf verteilen. Das Brot fest zusammenpressen – eigentlich sollte es jetzt in eine Plancha kommen, eine Sandwichpresse. Stattdessen eine schwere Pfanne erhitzen, das Sandwich hineinlegen, mit einer zweiten Pfanne beschweren und jede Seite etwa 3 Minuten braten. Angeschrägt halbieren und sofort verzehren. Amerikanischer Senf ist sehr gelb – die Farbe entsteht durch Zugabe von Kurkuma. Am besten einen mittelscharfen Senf kaufen und Kurkuma unterrühren, bis er richtig gelb aussieht.

1 Ciabatta (als Ersatz für
*   kubanisches Brot)*
Butter
Mayonnaise
amerikanischer Senf
Schweinebraten
gekochter Schinken
*   (etwa Prager)*
Emmentaler Käse
Dill Pickles
nach Geschmack: Salami,
*   Salatblätter, Tomaten*

Reuben Sandwich
Corned-Beef-Sandwich (New York)

Eine Kreation aus dem »Big Apple« des Jahres 1914.

2 Scheiben Rye Bread
(Seite 82)
Butter
3 Scheiben Corned Beef
2 EL Sauerkraut
3 Scheiben Emmentaler Käse
1-2 EL Russian oder Thou-
sand Islands Salad
Dressing (Seite 114)

Die Brotscheiben von beiden Seiten dünn einbuttern. Auf eine Scheibe Corned Beef, Sauerkraut und Käse schichten, die andere mit Dressing bestreichen und das Sandwich zuklappen. In einer Pfanne Butter zerlassen, das Sandwich hineinlegen, mit einer zweiten Pfanne beschweren und von jeder Seite etwa 3 Minuten braten.

Elvis' Favorite Peanut Butter Sandwich
Erdnussmus-Bananen-Toast
(All American)

Da Erdnussbutter keine richtige Butter enthält, darf sie in der EU auch nicht als solche bezeichnet werden. Bei uns wird sie als Erdnussmus oder -creme angeboten.

2 Scheiben Sandwichbrot
1/2 Banane
Erdnussmus oder -creme
Butter zum Braten

Das Brot leicht antoasten. Beide Scheiben mit Erdnussmus bestreichen, eine mit Bananenscheibchen belegen, zusammenklappen. In einer Pfanne Butter zerlassen und das Sandwich auf beiden Seiten braten. Am besten mit Messer und Gabel essen – es sei denn, man mag fettige Finger.

Varianten
Erdnussbutter hat die Tendenz, im Hals stecken zu bleiben. Meine Familie isst sie am liebsten mit Tomate. Nur ich scheine als »Gleitmittel« Marmelade (Erdbeere, Aprikose) oder Honig zu bevorzugen. Meine amerikanische Großmutter schwor, dass mit sauren Gurken belegtes Erdnussbutterbrot nicht zu übertreffen sei …

Po' Boy
Austern-Sandwich »Armer Junge«
(New Orleans)

Sandwichs, die Po' Boy hießen, gab es bereits im 19. Jahrhundert. Aber seit den 1920er Jahren ist das Austern Sandwich damit gemeint. Damals verteilten die Ladenbesitzer Benny und Clovis Martin das Sandwich an die streikenden Straßenbahnschaffner zur Stärkung.

Für das Dressing alle Zutaten miteinander vermischen.
Die Austern öffnen und aus der Schale nehmen.
Worcestershire-Sauce, Tabasco, zerdrückten Knoblauch und geriebene Schalotte mit Salz und Pfeffer vermischen.
In einer tiefen Pfanne etwa 1 cm Öl erhitzen.
Die Austern in die Würzmischung tunken, im Maisgrieß wenden und in der Pfanne 3 Minuten knusprig braten. Herausfischen und auf Küchenpapier abtropfen lassen.
Das Baguette aufschneiden und aushöhlen.
Beide Seiten mit dem Dressing bestreichen, mit Salatblättern und Tomatenscheiben belegen, die Austern hineinschichten. Zuklappen, zusammendrücken und essen.

Tipp
Amerikanischer Senf ist sehr gelb – die Farbe entsteht durch Zugabe von Kurkuma. Am besten einen mittelscharfen Senf kaufen und Kurkuma unterrühren, bis er richtig gelb aussieht.

1 Dutzend Austern
2 EL Worcestershire-Sauce
Tabasco nach Geschmack
2 Knoblauchzehen
1 kleine Schalotte
Öl zum Frittieren
100 g Maisgrieß
1 Baguette
Salatblätter
Tomatenscheiben

für das Dressing:
50 ml Ketchup
1 EL Mayonnaise
1 TL amerikanischer Senf
1 TL Meerrettich
1 TL Zitronensaft
Tabasco nach Geschmack
fein gehackte Dillgurken

Cowpuncher's Sandwich
Kuhtreiberstulle (Wilder Westen)

einige Stunden vorher   Die Zwiebel in Ringe schneiden, mit Oregano
beginnen   bestreuen und mit Wasser bedecken. Einige
                             Stunden stehen lassen.
1 rote Zwiebel   Das Wasser abgießen. Die Brotscheiben buttern
Oregano   und die Zwiebelringe zwischen die Scheiben
2 Scheiben Toast   legen.
Butter

Jibarito
Bananensandwich
(Chicago / Puerto-rikanisch)

*Ein noch junges Sandwich aus den frühen 1990ern
– mit Kochbananen statt Brot. Gut geeignet, wenn
Sie oder Ihre Freunde kein Gluten vertragen.*

2 unreife Kochbananen   Die Kochbananen längs halbieren. Die Zwiebeln
(Asiashop)   in hauchdünne Ringe, die Tomaten in Scheiben
Zwiebeln   schneiden.
Tomaten   Öl erhitzen und die Bananen 1 Minute braten.
Öl zum Braten   Ein Brett mit Plastikfolie bedecken, die Bana-
Knoblauchmayonnaise   nenhälften darauflegen, ein zweites Brett darü-
1 rosa gebratenes und in   berlegen und vorsichtig herunterdrücken, da-
  Streifen geschnittenes   mit die Bananen flacher werden. Zurück in die
  Rumpsteak   Pfanne geben und rundum knusprig braten.
2 Scheiben Emmentaler Käse Herausnehmen, zwei Hälften mit Mayonnaise
Salatblätter   bestreichen, Fleisch, Käse, Salat, Zwiebeln und
                             Tomaten darauf arrangieren. Mit den anderen
                             Hälften bedecken.

Hot Dogs
Würstchen (New York)

Nathan's Hot Dog Stand auf Coney Island eröffnete 1916 und ist einer der bekanntesten in den Vereinigten Staaten. Er verkauft Frankfurter aus reinem Rindfleisch (koscher), und Walter Matthau zum Beispiel wünschte sich zu seinem Begräbnis Nathan's Würstchen, die seine Trauergäste auch bekamen.

Frankfurter in den Vereinigten Staaten sind das, was wir als Wiener bezeichnen, da sie durch einen Frankfurter Metzger, der sich in Wien niederließ, bekannt wurden.

Der Name hat vielleicht etwas damit zu tun, dass wurstförmige Hunde – Dackel – bei deutschen Metzgern sehr beliebt waren und in Spottliedern Spekulationen über den Inhalt ihrer Würste angestellt wurden. Eingebürgert hat sich der Begriff im späten 19. Jahrhundert an den Universitäten Princeton und Yale.

Das Sauerkraut mit Relish, Zucker, Senfpulver und Kümmel in einen Topf geben und 15 Minuten köcheln.
Währenddessen die Würstchen erhitzen und die Brötchen kurz aufbacken. Die Würstchen ins Brötchen legen, mit Sauerkraut bedecken und Senf dazu reichen.

Tipp
Amerikanischer Senf ist sehr gelb – die Farbe entsteht durch Zugabe von Kurkuma. Am besten einen mittelscharfen Senf kaufen und Kurkuma unterrühren, bis er richtig gelb aussieht.

500 g Sauerkraut
75 g Sweet Pickle Relish
(Seite 198)
1 EL Zucker
1 Prise Senfpulver
1/2 TL Kümmel
Wiener Würstchen
Hot Dog Buns (aus
dem Supermarkt)
amerikanischer Senf

Philadelphia Cheese Steak
Käse-Steak-Sandwich

Ein amerikanisches Märchen: Es war einmal ein Würstchen-Verkäufer namens Pat in der schönen Stadt Philadelphia. Doch er konnte sich seines Lebens nicht so recht freuen, denn es herrschte eine Weltwirtschaftskrise, und kaum einer wollte seine Hot Dogs. Da passierte es ihm eines Tages, dass sein Lieferant ein Stück Rindfleisch statt der bestellten Würstchen lieferte. Während Pat die letzten Würstchen verkaufte, schnitt er sich ein paar dünne Scheiben Rindfleisch ab, um sie sich zum Mittagessen zu grillen. Und damit es besser schmeckte, warf er einige Zwiebelringe hinterher. Das packte er sich auf ein Brötchen und wollte gerade zubeißen, als ein Taxifahrer, angelockt vom Duft, anhielt und ihm das Sandwich abkaufte. Bald kamen immer mehr Taxifahrer und wollten immer mehr Steak-Sandwichs. Auf die Idee mit dem Käse kam dann Pats Freund Joe. Und wenn sie auch gestorben sind, Würstchen verkaufen mussten sie nimmermehr. Ein Philly Cheese Steak muss fettig sein, wie man in der Fernsehserie »Prince of Bel-Air« sieht, als ein Besucher aus Philadelphia Will Smith eine fetttriefende Papiertüte mit seinem Lieblingssandwich überreicht. Ketchup dazu ist nicht schlecht.

Öl zum Braten
1 Scheibe Ribeye-Steak oder Entrecôte (etwa 120 g), in dünne Scheiben geschnitten
1 Zwiebel
2 Scheiben Käse (Scheibletten)
italienisches Weißbrot

In einer Pfanne Öl erhitzen und das Fleisch braten – es sollte nicht kross werden, sondern weich. Salzen und pfeffern. Aus der Pfanne nehmen und abtropfen lassen. Die Zwiebel in dünne Ringe schneiden und in der Pfanne dünsten, bis sie weich und glasig ist. Die Pfanne vom Herd nehmen, Käse hineinbröseln und schmelzen lassen. Das Brot mit Fleisch sowie Zwiebelkäse belegen und zuklappen.

Bánh mì
Vietnamesisches Baguette

Ein vietnamesisches Sandwich: Das Baguette und die Gänseleberpastete brachten die Franzosen nach Indochina, das Sandwich kam dann in den 1980er Jahren in die USA.

Das Baguette längs halbieren und eine Seite mit Mayonnaise, die andere mit Chilisauce bestreichen. Mit Salatblättern, Tomaten-, Rettich- und Möhrenscheiben belegen, mit Korianderblättern garnieren. Einen proteinhaltigen Belag auswählen und auf die Garnitur legen. Die zweite Baguettehälfte darüberklappen und fest andrücken.

1 Baguette
Mayonnaise
scharfe Chilisauce
Salatblätter
Tomatenscheiben
Daikonscheiben
   (japanischer Rettich)
marinierte Möhren
frischer Koriander

als Belag:
Rührei
gebratener Tofu
gegrillte Hühnerbrust
Schweinebraten
Gänseleberpastete

Oysters Bienville
Überbackene Austern mit Garnelen und Pilzen (New Orleans)

Deutschen Gaumen mögen gebackene Austern seltsam anmuten, in den USA sind sie weit verbreitet und in der geräucherten Version ebenso beliebt wie ihre rohe Verwandtschaft. Diese sind nach dem Gründer von Louisiana benannt, Jean-Baptiste Le Moyne, Sieur de Bienville.

für 4 Personen als Vorspeise

12 Austern
1 kg grobes Salz
300 g rohe Garnelen
250 g Champignons
2 Schalotten
2 Knoblauchzehen
1/2 Bund Petersilie
Butter
2-3 EL Mehl
125 ml Sauterne
100 ml Sahne
1/2 Zitrone (Saft)
2 Eigelb

Die Austern öffnen und aus der Schale nehmen, dabei den Saft auffangen. Ein Backblech mit grobem Salz bestreuen, die Schalen säubern und auf das Salz setzen.
Die Garnelen schälen, entdarmen und hacken. Die Pilze putzen und fein hacken. Schalotten und Knoblauch fein würfeln. Die Petersilie hacken.
Butter zerlassen und die Schalotten glasig dünsten. Garnelen, Pilze und Knoblauch hinzufügen, etwa 3 Minuten schmoren. Das Mehl darüberstäuben.
Wenn alles gut vermischt ist, erst den Wein, dann den Austernsaft und zuletzt die Sahne dazugießen. Dabei immer rühren, damit eine geschmeidige Sauce entsteht. Ein paar Minuten köcheln, dann den Zitronensaft dazugießen. Vom Herd nehmen, die Eigelbe unterrühren und die Petersilie hinzufügen.
Den Backofen auf 180° C vorheizen.
Die Austern in ihre Schalen legen, die Sauce darüber verteilen und 15 Minuten überbacken.

Oysters Rockefeller
Austern à la Rockefeller (New Orleans)

Nachempfunden den überbackenen Austern aus Antoine's, einem der ältesten Restaurants der USA, gegründet 1840. Das Originalrezept ist ein wohlgehütetes Geheimnis und stammt aus dem Jahr 1899, als gerade Mangel an Schnecken herrschte und man sich bei Antoine's überlegte, was wohl als Ersatz herhalten könnte. Der Rest ist Geschichte ...

Den Spinat waschen und verlesen. Frühlingszwiebeln und Knoblauch fein würfeln. Die Kräuter hacken. In einem Topf Butter zerlassen, Spinat, Zwiebeln, Knoblauch und Kräuter hineingeben. Etwa 5 Minuten dünsten, mit Salz, Pfeffer, Tabasco und Pernod abschmecken. Ein Backblech mit Salz bestreuen und die Schalen mit den Austern daraufsetzen. Die Füllung gleichmäßig auf alle Austern verteilen und mit einer Parmesan-Brotkrümel-Mischung bestreuen. Im Ofen bei 200° C bis zu 15 Minuten backen.

Varianten
Die klassische Version enthält noch gebratenen, zerkrümelten Frühstücksspeck – ich würde drei bis vier Streifen nehmen. Eine andere interessante Version ersetzt den Speck durch entsprechend viele Sardellenfilets.

für 4 Personen als Vorspeise

350 g Blattspinat
3 Frühlingszwiebeln
1 Knoblauchzehe
1 Packung Kresse
1/2 Bund Petersilie
etwas Basilikum
Butter
Tabasco
1 EL Pernod oder etwas ähnlich Anisartiges
12 Austern (ohne Deckel, aber mit intakter unterer Schale)
geriebener Parmesan
Brotkrümel

Oysters Kirkpatrick
Austern mit Ketchup (San Francisco)

Die kalifornische Antwort auf die Austern aus New Orleans.

für 4 Personen als Vorspeise

grobes Salz
12 Austern (ohne Deckel,
　aber mit intakter
　unterer Schale)

pro Auster:
1 TL Ketchup
1/2 TL fein gewürfelte grüne
　Paprikaschote
1/2 TL fein gewürfelte
　Frühlingszwiebel
1/2 kurz angebratener
　Streifen Frühstücksspeck
etwas Parmesan
etwas Butter

Ein Backblech dick mit grobem Salz bestreuen und die Schalen mit den Austern daraufsetzen. Ketchup, Paprika und Frühlingszwiebeln gleichmäßig auf alle Austern verteilen. Mit Frühstücksspeck belegen, mit geriebenem Parmesan bestreuen und Butterflöckchen daraufsetzen. Im Ofen bräunen.

Variante

Helen Brown weist in ihrem gelungenen »West Coast Cookbook« auf Oysters Yaquina hin – nur mit Schnittlauchbutter, im Ofen überbacken.

Deviled Eggs
Gefüllte Eier

Wenn meine Mutter in meiner Kindheit eine Party gab, durften gefüllte Eier nicht fehlen. Wie teuflisch sie tatsächlich sind, hängt davon ab, wie scharf der Senf ist.

Die Eier 8 Minuten kochen, kalt abschrecken, rundherum anschlagen, damit die Schale angeknackst ist, und 5 Minuten in kaltes Wasser legen. Schälen, halbieren, die Eigelbe herausheben und mit Mayonnaise, Senf und Relish vermischen. Alles zurück in die Eihälften geben, etwa mit einem Spritzbeutel.

für 6 Personen als Vorspeise

12 Eier
100 ml Mayonnaise
1-2 EL Senf
75 g Sweet Pickle Relish
(Seite 198)

Chopped Liver
Leberaufstrich (Jüdisch)

Zugegebenermaßen sieht Chopped Liver in seiner leicht gräulichen Erscheinungsform nicht wirklich lecker aus. Es lohnt sich aber, den leichten Ekel zu überwinden, denn der Aufstrich schmeckt göttlich – wenn man Leber mag.

für 4 Personen als Vorspeise

2 Eier
2 Schalotten
Öl oder Gänseschmalz
*   zum Braten*
250 g Hühner- oder grob
*   geschnittene Kalbsleber*

Die Eier hart kochen. Die Schalotten klein würfeln. In einer Pfanne Öl erhitzen und die Schalotten glasig dünsten. Die Leber zugeben und auf beiden Seiten braten, bis sie innen noch schwach rosa ist – brät die Leber länger, wird sie schnell trocken.

Die Leber mit den Zwiebeln in einer Schüssel abkühlen lassen. Die Eier schälen, zugeben und alles mit einer Gabel zerdrücken. Mit Salz und frisch gemahlenem Pfeffer abschmecken.

Auf deftigem Graubrot, vorzugsweise mit Kümmel, servieren – in den USA würde man Rye Bread (Seite 82) verwenden, eine Art Roggentoast mit Kümmel.

◆

Salad
Salat

◆

Cobb Salad
Salat »Alles drin« (Hollywood)

In den 20er und 30er Jahren des letzten Jahrhunderts schossen mit dem zunehmenden Individualtransport überall Restaurants aus dem Boden. Viele waren in ehemaligen Eisenbahnwagen untergebracht, woraus sich dann die typische Diner-Architektur entwickelte. Andere versuchten Aufmerksamkeit zu erregen, indem sie ihre Restaurants außergewöhnlich gestalteten, etwa in Form von Hot Dogs oder sogar einer Melone – nicht die essbare, sondern die, die gern von Bankern auf dem Kopf getragen wurde. Das Brown Derby in Los Angeles war im goldenen Zeitalter Hollywoods ein beliebter Treffpunkt der Prominenz. Das bekannteste Gericht ist der Cobb Salad, der angeblich von Bob Cobb, dem Besitzer des Lokals, eines Nachts aus den im Kühlschrank vorhandenen Zutaten ad hoc zusammengestellt wurde.

Ein sehr beliebter Salat bei den Stars in Hollywood, der auch oft in Filmen und Fernsehserien gegessen wird, zum Beispiel in »Sex and the City«.

Salat (Kopf- oder Römersalat,
   Chicoree)
geachtelte Tomaten
knusprig gebratener Speck
gekochte Hühnerbrust
hart gekochte, geviertelte Eier
in Scheiben geschnittene
   Avocado
Blauschimmelkäse
gehackter Schnittlauch

für das Dressing
   (reicht für 4 Salate):
30 ml Olivenöl
30 ml Pflanzenöl
25 ml Rotweinessig
1 Spritzer Zitronensaft
1 Spritzer Worcestershire-
   Sauce
1 Prise englisches Senfpulver
1/2 zerdrückte Knoblauch-
   zehe
1 Prise Zucker
Salz und Pfeffer

Alle Zutaten für das Dressing in ein Glas mit Schraubverschluss geben, das mindestens 400 ml aufnimmt, und kräftig durchschütteln.
Auf einem Teller Salatblätter ausbreiten, Tomaten, Speck, Hühnerfleisch, Eier, Avocado und zerkrümelten Käse darauf arrangieren, mit Schnittlauch bestreuen. Mit 4 EL Dressing beträufeln.
Nicht verwendetes Dressing hält sich im Kühlschrank gut zwei Wochen.

Waldorf Salad
Waldorfsalat (New York)

Dieser Salat stammt aus dem Waldorf-Asto-
ria-Hotel in New York und geht auf das späte
19. Jahrhundert zurück.
Die Zutatenliste variiert: Mit von der Partie sind
von Anfang an Äpfel, Stangensellerie und Ma-
yonnaise, während die Walnüsse, heute eigentlich
auch ein Muss, erst im frühen 20. Jahrhundert da-
zukamen.

Die Äpfel waschen, vierteln und entkernen. Die
Viertel nochmals der Länge nach halbieren und
klein schneiden. Den Sellerie in feine Streifen
schneiden. Die Weintrauben halbieren (und
entkernen, wenn die Kinder Traubenkerne
nicht schätzen).
In einer Schüssel alles mit den Nüssen vorsichtig vermischen, Zitronensaft darübergeben.
Mayonnaise und Sahne verrühren und unter
den Salat heben.

für 4 Personen

3 Äpfel
4 Stangen Sellerie
100 g Weintrauben
  oder Rosinen
1 Handvoll Walnusskerne
1/2 Zitrone (Saft)
2 EL Mayonnaise
1-2 EL Sahne

Variante
Wen es nach Fleisch gelüstet, kann gekochtes,
klein geschnittenes Hühnerfleisch untermischen, etwa übrig gebliebenes vom Brathähnchen am Vortag (die Knochen kocht man dann
für eine Hühnerbrühe aus).

Cole Slaw
Krautsalat

Der Name geht zurück auf das niederländische Wort für Krautsalat,»koolsla«. Der klassische amerikanische Cole Slaw ist meist recht süß. Diese Version, beruhend auf einer Cajun-Variante, ist pikant, was gut mit der natürlichen Schärfe des Kohls und der Süße der Mayonnaise harmoniert.

am Vortag beginnen
für 10 Personen als Beilage

1 mittelgroßer Kopf Weißkohl
1/4 Kopf Rotkohl
2 Schalotten
3 Möhren

für die Marinade:
150-200 ml Rotweinessig
200 ml Salatöl
200 ml Mayonnaise
2 EL Ketchup
2 TL Meerrettich
Tabasco nach Geschmack
Salz und Pfeffer
eventuell 1 Prise Zucker
(wenn das Gleichgewicht
zwischen Süße und
Säure noch nicht stimmt)

Den Kohl so fein wie möglich hobeln. Die Schalotten fein hacken. Die Möhren raspeln. In einer Schüssel alles miteinander vermischen. Für die Marinade in einer Schüssel alle Zutaten mit einem Schneebesen schlagen, bis eine glatte Sauce entsteht. Über das Gemüse gießen und unterheben, sodass alles gut vermischt ist. Nach etwa einer Stunde probieren, ob noch etwas fehlt: Ist der Salat zu sauer, etwas mehr Mayonnaise und Öl sowie eine Prise Zucker hinzufügen; ist er zu süß, einen Schuss Essig zugeben. Den Salat kühl stellen und marinieren – möglichst 24 Stunden: Der Kohl muss einen Teil seiner Bissfestigkeit verlieren, also mürbe werden. Schmeckt hervorragend zu Hamburgern.

Wenn Kinder mitessen, den Tabasco erst vor dem Servieren zugeben, nachdem man eine Portion für sie abgezweigt hat.

Dandelion Salad with Bacon Dressing
Löwenzahnsalat mit Specksauce
(Pennsylvania Dutch)

Den Löwenzahn waschen und trocken tupfen. In einer Pfanne den Frühstücksspeck knusprig anbraten und über den Salat krümeln. In der Pfanne Butter zerlassen, Sahne zugießen und langsam erwärmen, nicht aufkochen. Die Eier verschlagen und unterrühren. Zucker und Essig beifügen, mit Salz und Pfeffer abschmecken. Weiterrühren, bis die Sauce dick wird. Nicht zu heiß werden lassen, damit die Eier nicht stocken.

für 2 Personen

1 Bund Löwenzahn
4 Scheiben Frühstücksspeck
1 EL Butter
100 ml Sahne
2 Eier
1 EL Zucker
125 ml Apfelessig

Cajun Marinated Carot Salad
Marinierter Möhrensalat
(Cajun-Creole)

In einem Topf Wasser aufsetzen und salzen. Die Möhren schaben und in etwa 3 mm dicke Scheiben schneiden. Die Zwiebel in hauchdünne Ringe schneiden, die Paprika halbieren, entkernen, waschen und sehr fein würfeln. Die Möhren in das kochende Wasser geben und etwa 8 Minuten kochen – sie müssen noch Biss haben.
Für die Marinade alle Zutaten miteinander vermischen. Möhren, Zwiebeln und Paprika darin einlegen, im Kühlschrank möglichst 24 Stunden marinieren.
Kühl, aber nicht eiskalt servieren.

am Vortag beginnen
für 4 Personen als Beilage

500 g Möhren
1 große oder 2 kleine
    rote Zwiebeln
2 grüne Paprikaschoten

für die Marinade:
300 ml Gemüse- oder
    Tomatensaft
100 ml Apfelessig
100 ml Salatöl
2 EL Rohrzucker
1 EL Senf (vorzugsweise
    körniger)
Salz und Pfeffer

Thousand Islands Salad Dressing
Rosa Dressing

Die 1000 Inseln liegen im Sankt-Lorenz-Strom zwischen Montreal und Toronto. Er bildet den Grenzfluss zwischen dem hoch entwickelten kanadischen Bundesstaat Ontario und dem hinterwäldlerischen New York, zehn Stunden von der City entfernt.
Das Dressing hat sich aus dem russischen Dressing entwickelt, und die klein gehackten Zutaten ragen angeblich wie Inseln aus der Sauce.

1 Knoblauchzehe
1 EL gehackte grüne Oliven
2 EL gehackte Dillgurken
1/2 hart gekochtes,
 gehacktes Ei
1 EL gehackte Petersilie
1 TL Zitronensaft
125 ml Mayonnaise
2 EL Ketchup
Salz und Pfeffer

Den Knoblauch hacken und mit Salz bestreuen.
Mit den restlichen Zutaten cremig rühren.
Hält sich zwei Tage im Kühlschrank.

Green Goddess Dressing
Kräuter-Salatdressing

Dies Dressing stammt aus dem San Francisco der 20er Jahre, als es im Palace Hotel für einen Schauspieler kreiert wurde, der in dem Stück »The Green Goddess« auftrat.
Ein Rezept, für das Sie den grünen Teil von Frühlingszwiebeln verwenden dürfen, der bei vielen Rezepten entsorgt werden soll.

4 Sardellenfilets
2 Frühlingszwiebeln
 (nur das Grüne)
1/2 Bund Petersilie
2 Estragonzweige (Blättchen)
2 EL Estragonessig
1/2 Bund Schnittlauch
300 ml Mayonnaise

Sardellenfilets und Kräuter fein hacken, mit der Mayonnaise vermischen. Am einfachsten ist es, alles im Mixer zu pürieren.

Ranch Dressing
Buttermilch-Mayo-Dressing

Das Ranch Dressing ist das populärste Dressing in den USA. Gayle und Steve Henson, die Betreiber einer Dude Ranch – einer Ranch mit Feriengastbetrieb, Teil einer Bewegung, die den Wilden Westen romantisch verklärte –, stellten in den 1950er Jahren eine Gewürzmischung zusammen, die sie bei Bedarf mit Buttermilch und Mayonnaise mischten und ihren Gästen als Salatsauce anboten. Schon bald wollten die Gäste das Dressing als Souvenir mit nach Hause nehmen.

Schalotte und Frühlingszwiebel sehr fein würfeln, die Paprika entkernen, waschen und ebenfalls sehr fein würfeln. Die Petersilie hacken. Alles mit zerdrücktem Knoblauch, Zitronensaft, frisch gemahlenem Pfeffer und Salz vermischen. Buttermilch, Mayonnaise und Sahne nacheinander zugeben und verrühren.

Den Salat können Sie, je nach Kühlschrankvorräten, Lust und Laune, mit grünem Salat, Tomaten, Gurken, Möhren oder Radieschen mischen.

1 Schalotte
1 Frühlingszwiebel
1/2 rote Paprikaschote
3 glatte Petersilienzweige
1 Knoblauchzehe
1 TL Zitronensaft
125 ml Buttermilch
125 g Mayonnaise
2 EL Sahne

Blue-Cheese-Dressing
Salatdressing mit Blauschimmelkäse

Den Käse zerbröseln, mit Buttermilch übergießen und mit einer Gabel zerdrücken, sodass ein homogenes Dressing entsteht.
Frühlingszwiebeln und Petersilie sehr fein hacken. Mit zerdrücktem Knoblauch und den übrigen Zutaten untermischen.

Variante
Das Dressing kann man in ein Dip verwandeln, indem man die Buttermilch durch 125 ml Sahne ersetzt.

200 g Blauschimmelkäse
(etwa Roquefort)
150 ml Buttermilch
2 Frühlingszwiebeln
1/2 Bund Petersilie
3 Knoblauchzehen
250 g Mayonnaise
1/2 Zitrone (Saft)
1 EL Apfelessig

French Dressing
»Erweiterte« Vinaigrette

In meiner Kindheit stand die knallig orangefarbene Sauce aus der Kraft-Flasche im Kühlschrank neben dem altrosa Thousand Islands Dressing. Ich muss gestehen, ich habe damit gerne meinen eiskalten, knackigen Eisbergsalat ertränkt – eine um Zucker und Ketchup erweiterte Vinaigrette. Die Firma Kraft begann übrigens 1925 mit der Salatsaucenproduktion, und French Dressing war ihre erste Kreation.

Da es sich beim French Dressing ursprünglich um eine Vinaigrette – also farblich eher neutral – handelt, mag man der Erklärung Glauben schenken, dass eine Mrs French diese Sauce für ihren Mann zusammenmischte, der eine notorische Abneigung gegen Salat und Gemüse besaß und nur mit der süßlichen Sauce dazu gebracht werden konnte, Gesundes zu essen.

In den Südstaaten soll es nicht ungewöhnlich sein, seine Pizza mit French Dressing zu würzen …

1 Dose Campbell's
   Tomatensuppe
1 1/2 Tassen Mazola-Keimöl
1 1/2 TL Salz
1/2 Tasse Zucker
1/2 Tasse Essig
1/2 TL Paprikapulver
1 TL Senf
1 geriebene mittelgroße
   Zwiebel
2 EL Worcestershire-Sauce

In einer Schüssel die Suppe mit dem Öl verschlagen und nacheinander die restlichen Zutaten hineinschlagen. In eine Flasche füllen. Das Dressing hält sich im Kühlschrank mehrere Wochen.

◆

Soups
Suppen

◆

Creme Vichyssoise
Kalte Lauchsuppe (New York)

Erfunden hat die Suppe Louis Diat, ein franzö-
sischer Koch, der sein Leben in New York ver-
brachte. Die Suppe erinnerte ihn an die Potage
seiner Mutter.
Wenn Sie die grünen Teile des Lauchs verwenden,
erhält die Suppe einen leichten Grünstich, den
manche nicht als appetitlich empfinden.

für 6 Personen als Vorsuppe

1 kg Lauch
1 Zwiebel
1 kg Kartoffeln
Butter
1 l Gemüse- oder
*   Hühnerbrühe*
1/4 l Sahne
1/2 l Milch

Lauch und Zwiebel in feine Ringe schneiden. Die Kartoffeln schälen und in feine Scheiben schneiden. In einem Topf Butter zerlassen und die Zwiebel glasig dünsten. Den Lauch zugeben und unter Rühren bis zu 2 Minuten dünsten. Die Kartoffeln einrühren. Die Brühe angießen. Aufkochen und bis zu 30 Minuten köcheln, bis Kartoffeln und Lauch gar sind. Sahne und Milch hinzufügen. Anschließend pürieren, mit Salz und weißem Pfeffer würzen.

Diese Suppe schmeckt hervorragend warm, lauwarm und kalt.

Green Pea Soup
Erbsensuppe (All American)

Hier, in einem doch scheinbar so einfach gela-
gerten Fall wie dem einer Erbsensuppe, fehlt der
Schinkenknochen, den man bei uns vergebens
sucht: Jedes Feinkostgeschäft und jede Metzgerei
bekommen Schinken nur ohne Knochen geliefert.
Abhilfe bietet das Kasseler, ein geräuchertes
Schäufele, das möglichst auf traditionelle Weise
hergestellt worden und nicht schon gekocht sein
sollte. Sie bekommen es entweder von einem Metz-
ger Ihres Vertrauens oder im Naturkostgeschäft.
Das mag zwar etwas teurer sein, aber die Suppe
schmeckt sensationell.

Das Kasseler in einem Topf mit Wasser bedecken und etwa eine Stunde kochen – ergibt etwa
1 l Kasseler Brühe. 150 g Kasseler klein schneiden
und auf einem Teller zur Seite stellen, den Rest
anderweitig verwenden. Die Erbsen in einem
zweiten Topf mit Wasser bedeckt zum Kochen
bringen. Die Zwiebel fein hacken, den Sellerie
klein würfeln, Möhre und Kartoffel schälen und
grob raspeln.
In einem Suppentopf Öl erhitzen und die Zwiebel glasig dünsten. Sellerie, Möhre und Kartoffel zugeben und anbraten, aber nicht bräunen.
Die Erbsen abgießen und zum Gemüse geben.
Die Brühe angießen, das Kasseler zugeben und
kochen, bis die Erbsen weich sind. Falls die Erbsen alle Brühe aufsaugen, Wasser nachgießen.
Abschmecken – salzen und pfeffern ist wahrscheinlich nicht nötig.

für 4 Personen

1 kg rohes Kasseler
500 g getrocknete grüne
*   Erbsen (Bioladen oder*
*   Reformhaus)*
1 Zwiebel
1 Stange Sellerie
1 Möhre
1 Kartoffel
Öl zum Braten

Corn Chowder
Maissuppe

*»Corn« ist das amerikanische Wort für »Mais«
und Chowder eine dicke Suppe.*

für 4 Personen

4 Maiskolben
1 Zwiebel
1 Stange Sellerie
2 Kartoffeln
1 gelbe Paprikaschote
Petersilie
Schnittlauch
700 ml Hühner- oder
  Gemüsebrühe
1 EL Mehl oder Speisestärke
1/4 l Milch
1 dicke Scheibe gekochter
  Schinken
Cheddar nach Geschmack

Den Mais vom Kolben schaben. Zwei Drittel der Körner in der Küchenmaschine pürieren, eventuell mit etwas Wasser. Die Zwiebel würfeln und den Sellerie klein schneiden. Die Kartoffeln schälen und würfeln. Die Paprika halbieren, entkernen, waschen und fein würfeln. Die Kräuter hacken.
In einem Topf Zwiebel und Sellerie anbraten. Brühe, Kartoffeln und Paprika zugeben, umrühren und allen Mais hinzufügen. Kochen, bis das Gemüse gar ist.
Mehl in etwas Milch verrühren und in die Suppe geben, die restliche Milch hinzufügen und 5 Minuten köcheln.
Den Schinken würfeln und hineinrühren, den Käse hineinreiben und schmelzen lassen, salzen und pfeffern. Zum Servieren mit Petersilie und Schnittlauch bestreuen.

Varianten
Statt Schinken und Cheddar kann man auch Krebse, Gouda und Kerbel probieren. Wer eine vegetarische Variante bevorzugt, kann es mit Räuchertofu versuchen.

New England Clam Chowder
Neuenglischer Muscheleintopf

*Im Deutschen heißt alles »Muschel«.
Im Englischen bezeichnen »mussels« das, was wir unter
Miesmuscheln verstehen, »clams« stehen für die
herzförmigen Muscheln, und »scallops« sind Jakobsmuscheln.
Die Frage, welcher Clam Chowder der bessere sei,
der aus Neuengland oder der aus Manhattan,
wird wohl nicht zu beantworten sein. Fest steht
aber, dass Ersterer der originale und ältere ist.*

In einer schweren Pfanne oder einem Wok
Wasser zum Kochen bringen und die Muscheln
zugedeckt dämpfen, bis alle sich geöffnet haben.
Die Muscheln, die sich nicht öffnen, entsorgen.
Den Sud für die Suppe zurückhalten und mit
Wasser ergänzen, sodass sich 1/2 l Flüssigkeit ergibt.
Den Speck klein schneiden. Die Zwiebeln fein
hacken. Den Sellerie fein würfeln. Die Kartoffeln schälen und würfeln.
In einer Pfanne den Speck anbraten. Butter
zerlassen und die Zwiebeln bei mittlerer Hitze
glasig dünsten. Den Sellerie hinzufügen und bis
zu 3 Minuten mitschmoren, bevor das Ganze
mit Mehl bestäubt wird. Rühren, damit sich das
Mehl mit dem Fett verbindet, dann erst mit dem
Muschelsud und anschließend mit der Milch ablöschen. Immer nur wenig Flüssigkeit zugießen
und rühren, bis eine glatte Sauce entsteht, dann
nachgießen. Kartoffeln mit Thymian zugeben
und bei schwacher Hitze kochen, bis sie gar
sind. Mit Salz und Pfeffer abschmecken. Zum
Schluss die Muscheln in der Suppe erwärmen.

für 4 Personen

750 g Vongole
6 Streifen Frühstücksspeck
2 Zwiebeln
1 Stange Sellerie
300 g Kartoffeln
2-3 EL Butter
3 EL Mehl
1/2 l Milch
2 Thymianzweige

Manhattan Clam Chowder
Muschelsuppe mit Tomaten (New York)

Diese Suppe hat offensichtlich italienische Wurzeln.

für 4 Personen

1 Zwiebel
2 Stangen Sellerie
1 Möhre
1 große Dose Tomaten
(800 ml)
400 g Kartoffeln
je 1 grüne und rote
Paprikaschote
frisches Basilikum
Petersilie
Olivenöl zum Braten
1 Glas Vongole (etwa 150 ml)
1 l Hühnerbrühe
500 g frische Vongole
in der Schale

Die Zwiebel würfeln, den Sellerie in Halbmonde schneiden, die Möhre raspeln. Die Tomaten zerkleinern, den Saft auffangen. Die Kartoffeln schälen und würfeln. Die Paprika halbieren, entkernen, waschen und ebenfalls würfeln. Die Kräuter hacken. In einem Topf Öl erhitzen und die Zwiebel glasig dünsten. Sellerie und Möhre hinzufügen, etwa 5 Minuten mitbraten. Mit den Vongole und der Brühe ablöschen, Tomaten samt Saft, Kartoffeln und Paprika zugeben, salzen und pfeffern, gar kochen.
Währenddessen die Muscheln säubern. In die Suppe geben und mitkochen, bis sie sich öffnen. Die Muscheln, die sich nicht öffnen, entsorgen. Abschmecken, vom Herd nehmen und die Kräuter hinzufügen.

Shrimp Bisque
Garnelensuppe (Cajun)

*Eine Suppe, die entstand, weil in den Buden, die
entlang der Küste frische Shrimps verkauften,
massenweise Schalen anfielen, aus denen man gut
eine Suppe kochen konnte.*

Fischfond und Wein in einen Topf gießen und
zum Kochen bringen. In einem zweiten Topf
Öl erhitzen und die Garnelen anbraten, bis sie
sich rot färben. Herausnehmen, abkühlen lassen
und schälen. Die Schalen zum köchelnden Fond
geben und 15 Minuten auskochen. Durch ein
Sieb gießen, die Schalen entsorgen, den Fond
aufbewahren.
Währenddessen die Zwiebel fein würfeln und
den Knoblauch hacken. Paprika und Chili
halbieren, entkernen, waschen und ebenfalls
fein würfeln. Den Sellerie in feine Halbmonde
schneiden. Die Möhre fein raspeln. Den Schnittlauch hacken.
In dem zweiten Topf Butter zerlassen und das
Gemüse anbraten, bis die Zwiebel glasig ist. Das
Gemüse herausnehmen und auf einem Teller
zur Seite stellen. Salz, Pfeffer sowie Mehl in das
Fett geben und rühren. Den Fond langsam zugießen und ständig rühren, damit keine Klum-
pen entstehen. Ein paar Minuten köcheln, das
Gemüse zugeben und 5 Minuten garen. Etwa
ein Drittel der Garnelen hinzufügen und pürieren. Sahne und Vermouth zugießen.
Mit den restlichen Garnelen und Schnittlauch
servieren.

für 4 Personen

1 l Fischfond
1/4 l Weißwein
Öl zum Braten
8-12 große Garnelen
1 Zwiebel
1 Knoblauchzehe
1 rote Paprikaschote
1 rote Chilischote
2 Stangen Sellerie
1 Möhre
Schnittlauch
Butter zum Braten
3 EL Mehl
300 ml Sahne
1 Schuss Vermouth

Portuguese Kale Soup
**Portugiesische Grünkohlsuppe
(Massachusetts)**

Soweit man weiß, waren die ersten portugiesisch-stämmigen Einwanderer, die sich im 17. Jahrhundert im damaligen New Amsterdam niederließen, jüdischen Glaubens. Die meisten Portugiesen kamen jedoch über die Azoren nach Neuengland. Dort heuerten Walfangschiffe ihre Besatzung an, mit der sie an der amerikanischen Ostküste auf die Jagd gingen. Da die Arbeitsbedingungen aber sehr schlecht waren, verließen viele die Schiffe wieder – zum Beispiel in New Bedford, dem Ort, in dem Ismael in »Moby Dick« Queequeg kennenlernt, mit dem er dann später auf dem Walfänger anheuert.

für 4 Personen

500 g Grünkohl
500 g Kartoffeln
2 Zwiebeln
*200 g Chorizo oder eine
andere mediterrane
Knoblauchwurst*
Olivenöl
2 Knoblauchzehen
1 Rosmarinzweig
300 g gekochte weiße Bohnen

Den Grünkohl grob hacken. Die Kartoffeln schälen und würfeln. Die Zwiebeln ebenfalls grob hacken. Die Wurst in Scheiben schneiden. In einem Topf Öl erhitzen und die Zwiebeln bei schwacher Hitze glasig dünsten. Die Wurst zugeben. Den Grünkohl hinzufügen und dünsten, bis er zusammenfällt. Zerdrückten Knoblauch zugeben, Wasser angießen und zum Kochen bringen. Die Kartoffeln in den Topf geben, den Rosmarin hinzufügen, mit Salz und Pfeffer würzen. Alles bei schwacher Hitze zugedeckt 15 Minuten köcheln. Dann die Bohnen zugeben, aufkochen und abschmecken.

Senegalese
Currysuppe (Nordosten)

Nicht aus dem Süden der USA, wie man bei ihrem Namen denken könnte, kommt diese Suppe: Sie war in den 50er Jahren eine populäre, kalte Suppe in vornehmen Restaurants und Country Clubs des Nordostens.

Das Fleisch klein schneiden, die Zwiebel fein hacken. In einem Topf Butter zerlassen und die Zwiebel glasig dünsten. Mehl hinzufügen und rühren, bis eine Paste entsteht. Langsam die Brühe angießen, dabei ständig rühren. Das Curry unterrühren und die Suppe zum Kochen bringen. Die Hitze reduzieren, zwei Drittel der Sahne zugießen und warten, bis die Suppe sehr heiß ist, aber nicht kocht. In der restlichen Sahne die Eigelbe verschlagen. Die Sahne-Eier-Mischung in die Suppe einrühren und darauf achten, dass sie nicht aufkocht, damit das Eigelb nicht stockt. Mit Salz und Pfeffer abschmecken. Das Hühnerfleisch hinzufügen und sofort servieren.

für 4 Personen

200 g gekochte Hühnerbrust
1 Zwiebel
2 EL Butter
1 EL Mehl
1 l Hühnerbrühe
2 TL Curry
1/2 l Sahne
4 Eigelb

Variante
Statt mit Hühnerfleisch können Sie diese Suppe auch mit Garnelen reichen.

Cheese and Beer Soup
Käse-Bier-Suppe (Wisconsin)

Wisconsin ist berühmt für sein Bier und seine Würste – und außerdem der größte Käseproduzent der USA.

für 4 Personen

500 g leicht geräucherte Wurst
2 Zwiebeln
3 Stangen Sellerie
3 Möhren
300 g Kartoffeln
3 EL Butter
2-3 EL Mehl
300 ml Bier
1/2 l Hühner- oder Rinderbrühe
3 Thymianzweige
1 TL Worcestershire-Sauce
1/2 TL Senfpulver
1/2 TL edelsüßes Paprikapulver
1/2 l Milch
150 g Cheddar

Die Wurst in Scheiben schneiden und kräftig anbraten. Zwiebeln und Sellerie fein würfeln, die Möhren raspeln. Die Kartoffeln schälen und würfeln. In einem Topf Butter zerlassen, Zwiebeln, Sellerie und Möhren anbraten. Wenn die Zwiebeln glasig sind, unter Rühren mit Mehl bestäuben. Bier und Brühe angießen, aufkochen und einige Minuten köcheln. Wurst, Kartoffeln, Gewürze, Salz und Pfeffer zugeben, bis zu 15 Minuten kochen. Milch angießen und den Käse langsam hineinraspeln, sodass er sich ganz auflöst.

Saimin
Hawaiianische Nudelsuppe

Die hawaiianische Küche bezieht ihre Einflüsse
vornehmlich aus dem asiatischen Raum (Japan,
Philippinen), aber auch von portugiesischen Ein-
wanderern. Diese Suppe schaffte es sogar auf die
Speisekarte von McDonald's ...

Den Spinat waschen, verlesen und in Streifen
schneiden. Die Frühlingszwiebeln in feine Ringe
schneiden. Den Koriander hacken.
Die Nudeln laut Packungsanweisung kochen,
abgießen und abtropfen lassen. In einem zweiten Topf die Brühe erhitzen, den Ingwer hineingeben. Den Spinat kurz darin blanchieren,
mit einem Schaumlöffel herausfischen und auf
einem Teller zur Seite stellen. Die Brühe aufkochen und vom Herd nehmen. Die Eier verschlagen und hineinrühren, mit Sojasauce und
Sesamöl abschmecken.
Die gekochten Nudeln in vier Suppenschüsseln
füllen, den Spinat darauflegen, mit Brühe übergießen, Schweinefleisch, Zwiebelringe und Koriander darübergeben.

für 4 Personen

300 g Blattspinat
3 Frühlingszwiebeln
1/2 Bund frischer Koriander
500 g chinesische Eiernudeln
1 l selbst gemachte
  Hühnerbrühe
1 EL geriebener Ingwer
2 Eier
Sojasauce
geröstetes Sesamöl
250 g Char Siu Pork
(Seite 179)

Tortilla Soup
Hühnersuppe mit Tortillas
(New Mexico)

Ein Gericht, um altbackene Tortillas zu verarbeiten, die als Suppeneinlage klein geschnitten werden. Im Prinzip kann jede Suppe damit garniert werden.

für 6 Personen als Vorsuppe

1 große Zwiebel
2 grüne Chilischoten
1 große Dose Tomaten
(800 ml)
Pflanzenöl
1 Knoblauchzehe
1 TL gemahlener
Kreuzkümmel
1 1/2 l selbst gemachte
Hühnerbrühe
2 Hühnerschenkel
Öl zum Frittieren
6 altbackene Tortillas
(Seite 203)
80 g Butterkäse
2 reife Avocados
1/2 Limette (Saft)
1 Bund frischer Koriander

Die Zwiebel grob hacken. Die Chilis halbieren, entkernen, waschen und klein hacken. Die Tomaten zerkleinern, den Saft auffangen. In einem Suppentopf Öl erhitzen und die Zwiebel glasig dünsten. Zerdrückten Knoblauch, Kreuzkümmel und Chilis hinzufügen, bis zu 3 Minuten mitdünsten. Die Tomaten samt Saft hinzufügen und umrühren. Die Brühe angießen, das Fleisch einlegen und alles aufkochen. Die Hitze reduzieren und die Suppe bis zu 40 Minuten köcheln, bis das Fleisch gar ist. Herausnehmen und die Haut entfernen, das Fleisch von den Knochen lösen, klein schneiden und zurück in die Suppe geben. Mit Salz und Pfeffer abschmecken.

In einer tiefen Pfanne das Öl zum Frittieren erhitzen. Die Tortillas mit einer Schere in Streifen schneiden und kurz ins heiße Fett geben, bis sie knusprig sind. Auf Küchenpapier abtropfen lassen.

Den Käse würfeln. Die Avocados schälen, würfeln und mit Limettensaft beträufeln. Den Koriander hacken.

Die Tortillas in die Suppenteller verteilen und Suppe darüberschöpfen. Mit Käse, Avocado und Koriander garnieren.

◆

Fish and Seafood
Fisch und Meeresfrüchte

◆

Tuna Casserole
Thunfischauflauf (All American)

Eine Art amerikanischer Nationalauflauf, der sich vor allem dadurch auszeichnet, dass er einfach zuzubereiten ist.

für 4 Personen

500 g Nudeln
1 Dose Thunfisch (in Öl)
1 Dose Champignon-Creme-
Suppe (idealerweise
von Campbell's)
1-2 Handvoll Erbsen
(als Farbtupfer)
ausreichend Käse (Mozza-
rella und Cheddar), um
die Auflaufform
zu bedecken

Die Nudeln al dente kochen. Den Thunfisch zerpflücken und unter die Champignon-Creme-Suppe mischen. Eine Auflaufform mit einer Lage Nudeln auslegen, eine Handvoll Erbsen daraufgeben, dann die Hälfte der Champignon-Thunfisch-Creme. Wiederholen und mit Käse abschließen. Die Form in den Ofen stellen und überbacken, bis der Käse geschmolzen ist und der Auflauf knusprig ist – sollten die Zutaten alle kalt gewesen sein, bei 170° C mindestens 20 Minuten. Falls der Käse zu braun wird, den Auflauf zudecken.

Variante
Statt Mozzarella und Cheddar kann man auch Scheibletten verwenden.

Cioppino
Fischsuppe (San Francisco)

Cioppino ist wahrscheinlich die bekannteste Suppe Kaliforniens. Fischer kochten sie sich aus ihrem Fang, ergänzt durch einige Zutaten, die sie mit aufs Meer hinausnahmen.

Die Zwiebel in feine Ringe, die Tomaten in Scheiben schneiden. Die Kräuter hacken und mit Oreganoblättchen und zerdrücktem Knoblauch mischen.

Die Suppe wird in Lagen zubereitet und darf während des Kochens nicht umgerührt werden: Die unterste Lage bilden die Garnelen, darüber kommt eine Lage aus Zwiebel und Tomaten (jeweils die Hälfte), die Hälfte der Kräutermischung, dann der Fisch in Stücken. Es folgt eine zweite Lage Kräuter, die mit den restlichen Zwiebel- und Tomatenscheiben bedeckt und mit Fond, Passata und Wein übergossen wird, bis alles bedeckt ist. Einen Schuss Öl zugeben, salzen und pfeffern. Auf dem Herd oder im Ofen etwa 30 Minuten köcheln (nicht kochen). Zum Schluss die Muscheln zugeben und weiterköcheln, bis sie sich öffnen. Die Muscheln, die sich nicht öffnen, entsorgen. Mit Petersilie bestreut sofort servieren, dabei mit dem Schöpflöffel in die Tiefe gehen, damit jede/r von allem etwas erhält.

Brot dazu reichen.

für 4 Personen

1 große Zwiebel
6 reife Tomaten
1 Bund Petersilie
1 Bund Basilikum
2-3 Oreganozweige
2 Knoblauchzehen
8 rohe Garnelen
mittlerer Größe
750 g Fischfilets
mit festem Fleisch
1/2 l Fischfond
1/3 l Passata
(pürierte Tomaten)
1/3 l Weißwein
Olivenöl
12 Muscheln in der Schale
gehackte Petersilie
zum Servieren

Crab Cakes
Krebsküchlein (Maryland)

*Die Herkunft der Crab Cakes liegt im Dunkeln.
Vielleicht waren es Neuengländer, die ihren
Stockfisch durch Krebsfleisch ersetzten, oder afrikanische Sklaven auf den Plantagen, die das all-
gegenwärtige Krebsfleisch nutzten, oder doch ein
französischer Koch ... Jedenfalls ist Baltimore der
richtige Ort, um Crab Cakes zu genießen. Isst man
sie mit Hamburger Brötchen, wird der Crab Cake
zum Crabburger.*

für 4 Personen als Vorspeise

*400 g Krebsfleisch
1 TL Zitronensaft
1 EL Mayonnaise
1 verschlagenes Ei
1/2 TL englisches Senfpulver
1 TL Worcestershire-Sauce
2 EL gehackte Petersilie
1-2 Päckchen Cracker
Mehl zum Wenden
Butter und Öl zum Braten
Zitronenspalten*

Das Krebsfleisch mit allen Zutaten vermengen.
Acht Bällchen formen, kurz kneten und zwischen den Handflächen platt drücken. In Mehl
wenden und in Butter und Öl goldbraun braten.
Mit Zitronenspalten servieren.

Crab Louis
Krebssalat (San Francisco)

Die Fisherman's Wharf in San Francisco ist legendär. In der Bucht – mit Blick auf die Golden Gate Bridge, Alcatraz und sonnenbadende Seelöwen – kann man in Krebsschalen und -panzern waten.

Den Eisbergsalat klein schneiden und auf vier Teller verteilen. Die Scheren der Krebse abbrechen, den Panzer umdrehen und mit den Daumen aufbrechen. Das weiße Fleisch herausholen, die Innereien entsorgen, das braune Fleisch aus dem Panzer kratzen und auch das Fleisch aus den Scheren herausholen. In bissgerechte Stücke zerrupfen.
Die Frühlingszwiebeln fein würfeln. Die Paprika entkernen, waschen und ebenfalls fein würfeln. Die Eier hart kochen und vierteln, die Tomaten in Scheiben schneiden.
Mayonnaise mit Sahne, Chilisauce, Zwiebeln und Paprika mischen, mit Salz und Pfeffer abschmecken. Das Krebsfleisch untermischen und auf dem Salat verteilen. Mit Tomaten, Eiern und Oliven garnieren.

für 4 Personen als Vorspeise

1 Kopf Eisbergsalat
2 große gekochte Krebse oder
*   400 g Krebsfleisch*
3 Frühlingszwiebeln
je 1/2 grüne und rote
*   Paprikaschote*
4 Eier
4 Tomaten
250 g Mayonnaise
50 ml Sahne
4 EL asiatische Chilisauce
schwarze Oliven

Crab Rangoon
Frittierte Krebsklößchen

Crab Rangoon ist eine Art asiatisch-amerikanische Maultasche, ein mit Krebsfleisch und Frischkäse gefüllter Wonton. Mit der Hauptstadt von Birma haben die Klößchen definitiv nichts zu tun. Wie immer, wenn man nicht genau weiß, woher ein Gericht kommt, müssen die Weltausstellung 1904 in St. Louis oder Restaurants wie Delmonico's (Seite 22) als Quelle herhalten.

für 4 Personen

150 g gekochtes Krebsfleisch (eventuell aus der Dose, notfalls Surimi)
2 Frühlingszwiebeln
200 g Frischkäse
1 Knoblauchzehe
1 TL geriebener Ingwer
1 TL Sojasauce
1 TL gehackter frischer Koriander
Wontonteighüllen (tiefgefroren im Asiashop)
Eiweiß
Pflanzenöl zum Frittieren

Das Krebsfleisch klein schneiden, die Frühlingszwiebeln in feine Ringe schneiden. Mit Käse, zerdrücktem Knoblauch und den Gewürzen mischen, bis alles eine homogene Masse ergibt.
Eine Wontonteighülle nehmen und sich eine Diagonale vorstellen, die den Teig schräg teilt. 1 TL Füllung auf die eine Hälfte setzen, die Ränder der anderen Hälfte mit Eiweiß einpinseln und die Teigränder aufeinanderklappen, sodass ein Dreieck entsteht. Die Ränder zum Verschließen fest aufeinanderdrücken, dabei die Luft aus der Teigtasche drücken.
Öl erhitzen und die Teigtaschen knusprig frittieren, die Ränder dürfen goldbraun werden.
Mit einer asiatischen Sauce servieren.

Skewered Scallops
Jakobsmuscheln am Spieß
(All American)

Die Muscheln waschen und trocken tupfen. In zerlassener Butter und den zu feinen Bröseln zerdrückten Crackern wenden. Mit einem Holzspieß ein Ende der Speckscheibe durchstechen. Eine Muschel auf den Spieß schieben, den Speck darüberlegen und alles durchstechen: Jetzt ist die Muschel auf einer Seite vom Speck bedeckt. Diesen Vorgang wiederholen, bis am Ende ein Spieß mit Muscheln entsteht, auf dem sich der Speck wie eine Schlange um die Muscheln windet. Die Spieße grillen, aber nur kurz, damit die Muscheln nicht austrocknen. Mit Zitronen- oder Kräuterbutter servieren.

3 Jakobsmuscheln pro Spieß
Butter
Cracker
1 Scheibe Frühstücksspeck pro Spieß

Variante
Die Muscheln in Butter – mit oder ohne Panade – braten und den Speck weglassen. Jakobsmuscheln haben ein delikates Aroma.

Stuffed Salmon
Gefüllter Lachs
(Nordwesten und Alaska)

An der Westküste der USA, von Kalifornien bis Alaska, existieren fünf Lachsarten: Chinook, Coho, Pink, Chum und Sockeye. Wasserverschmutzung und das Verschwinden seichter Uferregionen, wo die Jungtiere Insekten fressen und sich vor größeren Räubern schützen können, tragen zur Gefährdung der Bestände bei. Vor allem der große, bis zu zehn Kilogramm schwere Chinook ist vom Aussterben bedroht.

für 6-10 Portionen (je nach Größe des Fischs)

1 Zwiebel
2 Tomaten
Butter
1 ganzer ausgenommener Lachs (2 1/2 kg)
1 Zitrone (Saft)
4 Thymianzweige
2 Rosmarinzweige
1/2 Bund Petersilie
200 g Frühstücksspeck

Die Zwiebel in feine Ringe, die Tomaten in Scheiben schneiden.
Eine große Auflaufform oder ein Backblech mit Butter ausstreichen. Den Lachs innen und außen salzen und pfeffern, innen auch mit Zitronensaft ausreiben. Mit Zwiebel, Tomaten und Kräutern in Lagen füllen, mit dem Frühstücksspeck belegen. Im vorgeheizten Ofen bei 180° C Umluft etwa eine Stunde garen.
Den Fisch am besten auf Aluminiumfolie in die Form geben, dann lässt er sich leichter wieder herausheben.

Maine Boiled Lobster
Gekochter Hummer (Maine)

Wer an der Küste Maines entlangfährt, kann dem Hummer nicht entkommen. Überall auf dem Wasser schwimmen Markierungen, wo Hummerreusen (lobster pots) versenkt sind. In Souvenirshops findet man sie auf Kühlschrankmagneten und Kaffeetassen, und in jedem Restaurant steht ein großes Becken voller Hummer mit zusammengebundenen Scheren. Praktisch jeder Hummer, der in Deutschland verkauft wird, kommt aus den USA oder Kanada. Meeresforschern ist es ein Rätsel, warum sich die Hummerpopulation dort noch hält, ist sie in Europa doch längst zusammengebrochen. Eine Lieblingstheorie der Meeresbiologen ist, dass es möglicherweise mit dem Niedergang des Kabeljaus vor der amerikanischen Ostküste zu tun hat, der ein natürlicher Feind der Hummerlarven war.

In einem sehr großen Topf reichlich Wasser aufsetzen, bis es sprudelnd kocht. Die Hummer hineingeben und je nach Größe bis zu 15 Minuten kochen. Das Fleisch auslösen.
Zum Essen das Fleisch in die zerlassene Butter tunken und mit Zitronensaft beträufeln.

für 2 Portionen

2 Hummer (je 600 g)
zerlassene Butter
Zitronenspalten oder -saft

Variante
Es gibt natürlich auch Hummer-Sandwichs: Gekochtes Hummerfleisch mit Mayonnaise auf ein Brötchen geben, und fertig ist die Lobster Roll.

Lobster Newburg
Hummer (New York)

Wahrscheinlich eine Kreation des traditionellen New Yorker Restaurants Delmonico's (Seite 22), ursprünglich nach einem Captain Wenberg benannt. Als der sich jedoch mit dem Wirt zerstritt, wurde der Name in Newburg geändert.

pro Person:
1 Hummer (600 g)
Butter
Muskatnuss
150 ml Sahne
2 Eigelb
60 ml Sherry oder Brandy
Cayennepfeffer

In einem sehr großen Topf reichlich Wasser aufsetzen, bis es sprudelnd kocht. Den Hummer hineingeben und je nach Größe bis zu 15 Minuten kochen. Das Fleisch auslösen. In einer Pfanne Butter zerlassen, Salz, Pfeffer und etwas geriebenen Muskat zugeben. Das Hummerfleisch in die Pfanne geben und bei schwacher Hitze erwärmen. Die Sahne mit Eigelben und Sherry verquirlen, langsam angießen und rühren, bis die Sauce leicht eindickt. Mit Salz, Pfeffer und Cayennepfeffer abschmecken.

Boston Scrod
Neuenglischer Dorsch

Man ist sich nicht einig, was ein Scrod eigentlich ist. Allgemein wird heute in Neuengland darunter ein Dorsch verstanden – anderswo gibt es keinen Scrod. Historisch soll der Begriff im 19. Jahrhundert vom Parker House in Boston geprägt worden sein, das immer fangfrischen Fisch auf der Karte hatte. Da aber vorher nie klar war, welcher das sein würde, verwendete man einen Fantasienamen.

Den Backofengrill vorheizen.
Alle Zutaten bis auf den Fisch miteinander vermengen, als Belag auf dem Fisch verteilen und andrücken. Ein Backblech mit Aluminiumfolie auslegen, einfetten und den Fisch darauflegen. Unter den Grill schieben und grillen, bis der Belag schön braun und der Fisch weiß ist, also einen Hauch von Durchsichtigkeit verloren hat.

für 2 Portionen

2 Dorschfilets
2 Scheiben Toastbrot,
    zerkrümelt
2 EL Butter
2 EL Zitronensaft
2 EL fein gehackte Petersilie
1 TL englisches Senfpulver
1 Schuss Worcestershire-
    Sauce
Salz und Pfeffer

Fried Catfish
Gebratener Wels (Südstaaten)

Auch wenn die Yankees ein wenig die Nase rümpfen, Wels ist im Süden der meistverzehrte Fisch. Schon Huckleberry Finn berichtete: »*I catched a catfish and haggled him open with my saw, and towards sundown I started my camp fire and had supper.*«

für 4 Personen

4 Welsfilets
300 ml Milch
150 g Polenta
Cayennepfeffer nach
  Geschmack
Butter und Öl zum Braten
Zitronenspalten

Den Fisch waschen und in Milch legen. Die Polenta mit Salz, Pfeffer und Cayennepfeffer würzen. Den Fisch aus der Milch nehmen, in der Polenta wenden und auf einem Brett ein paar Minuten trocknen lassen.

In einer möglichst gusseisernen Pfanne Butter und Öl erhitzen und die Filets auf jeder Seite je nach Dicke bis zu 6 Minuten braten.
Mit Zitronenspalten servieren.

Crawfish Etouffé
Geschmorte Flusskrebse (Cajun)

für 4 Personen

2 Zwiebeln
2 Knoblauchzehen
1 grüne Paprikaschote
2 Stangen Sellerie
2 Tomaten
Roux (Seite 179)
400 ml Fisch- oder Meeresfrüchtefond
Butter zum Braten
750 g Flusskrebsschwänze
2 Thymianzweige
Cayennepfeffer nach
  Geschmack
Petersilie

Zwiebeln und Knoblauch fein würfeln. Die Paprika halbieren, entkernen, waschen und ebenfalls fein würfeln. Den Sellerie in feine Halbmonde schneiden. Die Tomaten häuten und würfeln.

In einer Pfanne die Roux erhitzen und das Gemüse anbraten, bis es weich wird. Den Fond zugießen, pfeffern und gut 30 Minuten köcheln.

In einer zweiten Pfanne Butter zerlassen und die Krebsschwänze mit Thymian 5 Minuten braten.

Die Krebsschwänze zum Gemüse geben, mit Cayennepfeffer, Salz und Pfeffer würzen, weitere 10 Minuten köcheln.
Zu Reis servieren.

◆

Poultry
Geflügel

◆

Turkey
Truthahn

Da es unbelastet ist von Religion, Geschenken und anderem Tamtam, ist Thanksgiving »das« Familienfest in den USA. Es geht zurück auf ein Erntedankfest, das die Pilgrims, die Passagiere der »Mayflower«, in Massachusetts nach der ersten erfolgreichen Ernte gemeinsam mit den Indianern zelebrierten. Ob es damals bereits Truthahn gab, ist umstritten – aber selbst wenn, dann nur als ein Gericht unter vielen. Erst im 19. Jahrhundert mauserte er sich zu dem Braten, ohne den Thanksgiving nicht denkbar ist.

Die große Gefahr beim Braten einer Pute ist, dass die Brust zu trocken wird. Daher belege ich den Vogel mit Speck und hülle ihn in Aluminiumfolie. Der Nachteil ist allerdings, dass die Haut dann nicht so braun gebrutzelt ist.

mindestens 3 Stunden vorher beginnen

1 Truthahn (etwa 500 g pro Person)
500 g Frühstücksspeck
Butter
Mehl
Muskatnuss

für die Sauce:
1 Zwiebel
1-2 Möhren
1 Petersilienwurzel
1 Stange Sellerie mit Grün
1 Zwiebel, mit 1-2 Gewürznelken gespickt
1/2 Bund Petersilie
1 Lorbeerblatt
einige Pfeffer- und Korianderkörner

Den Backofen auf 180° C vorheizen.

Den Truthahn auf ein langes Stück Aluminiumfolie in den Bräter setzen und füllen, mit Frühstücksspeck bedecken. Die Folie schließen, sodass die Pute völlig eingehüllt ist. Den Bräter in den Ofen stellen und den Truthahn braten – bis zu 20 Minuten pro Pfund, also bei einem Zehnpfünder nach zweieinhalb Stunden zum ersten Mal nachsehen und in den Schenkel pieksen: Die herausrinnende Flüssigkeit sollte klar sein, wenn sie rötlich ist, braucht der Vogel noch Zeit. In den letzten 30 Minuten die Folie öffnen, damit der Speck braun werden kann. Die Pute herausnehmen und ruhen lassen, erst dann tranchieren.

Für die Sauce Zwiebel, Möhren, Petersilienwurzel und Sellerie putzen und in grobe Stücke schneiden. Die Innereien des Truthahns (außer der Leber), Hals und (eventuell) Flügel mit den übrigen Zutaten in einem Topf mit Wasser bedecken, zum Kochen bringen und zwei Stunden köcheln. Abgießen, ein paar Möhren- und Petersilienwurzelstücke sowie die Zwiebel (ohne Nelken) in der Brühe pürieren.

Butter zerlassen, Mehl hinzufügen und mit dem Schneebesen verrühren. Die Brühe langsam zugießen, dabei ständig rühren, bis eine sämige Sauce entsteht. Den Bratensatz aus dem Bräter hinzufügen, mit Salz, Pfeffer und geriebenem Muskat abschmecken.

Wenn Sie mögen, Magen und Herz sehr fein würfeln und zur Sauce geben.

Enchiladas Suizas
Überbackene Hühnchen-Enchiladas (Tex-Mex)

für 4 Personen

2 Hühnerschenkel
4 Tortillas (Seite 203)
Sahne und/oder Milch
200 g Emmentaler Käse

für die Brühe:
1 Zwiebel
1 Stange Sellerie
1 Chilischote
1 Tomate
1 Möhre
Öl zum Braten
1 Knoblauchzehe
gemahlener Kreuzkümmel

für die Füllung:
1 große Zwiebel
12 Tomaten

Für die Brühe die Zwiebel klein hacken und den Sellerie in Halbmonde schneiden. Die Chili halbieren, entkernen, waschen und fein würfeln. Die Tomate vierteln, die Möhre in Scheiben schneiden. Öl erhitzen, Zwiebel, Sellerie und Chili anbraten. Wenn sie weich sind, Tomate und Möhre zugeben. Mit zerdrücktem Knoblauch, Kreuzkümmel, Salz und Pfeffer würzen. Die Hühnerschenkel hineingeben, mit Wasser knapp bedecken und 35 Minuten köcheln, bis das Fleisch fast vom Knochen fällt. Das Fleisch aus der Brühe nehmen und die Brühe passieren. Die Haut entfernen, das Fleisch von den Knochen lösen und zerpflücken. Für die Füllung die Zwiebel in Ringe schneiden, die Tomaten hacken. In einer Pfanne etwas Öl erhitzen und die Zwiebeln glasig dünsten. Tomaten zugeben und kurz mitbraten, sodass sie etwas die Form verlieren. Mit Salz, Pfeffer und Kreuzkümmel abschmecken. Die Tortillas kurz einzeln durch die Sahne oder Milch ziehen. In die Mitte jeweils etwas Fleisch und Zwiebel-Tomaten-Gemisch platzieren. Aufrollen und mit dem Saum nach unten in eine Auflaufform legen. Mit den restlichen Tortillas auf gleiche Weise verfahren. Mit Brühe und Sahne oder Milch begießen, bis die Enchiladas knapp bedeckt sind, mit dem Käse bestreuen. Im Ofen bei 160° C 30 Minuten backen.

Chicken Paprikash
Hühnchen in Paprika-Zwiebel-Sahne-Sauce (Ungarisch)

Ein Paprikash wird mit Paprikapulver und Sahne zubereitet. Das in den USA überaus populäre Gericht ist in allen Standardkochbüchern zu finden.

Das Huhn zerteilen – mit etwas Übung geht das auch ohne Geflügelschere: Ich schneide meist zwei Brüste, zwei Unterschenkel, zwei Oberschenkel und zwei Flügel. Den Rest gebe ich in etwas Wasser und koche es aus – man kann auch die Flügel dazugeben, so hat man gleich die nötige Brühe für das Gericht. Die Geflügelteile mit Paprika und Pfeffer würzen. Die Zwiebeln grob hacken. In einer tiefen Pfanne oder einem Topf Öl erhitzen und das Fleisch anbraten, bis die Haut eine braune Farbe annimmt. Die Zwiebeln zugeben und glasig dünsten. Brühe angießen, bis Huhn und Zwiebeln bedeckt sind. Mit Thymian, zerdrücktem Knoblauch, Salz und Pfeffer würzen. Etwa 30 Minuten köcheln, bis das Huhn gar ist. Die Hühnerstücke herausfischen und auf einem Teller zur Seite stellen. Die Brühe zum Kochen bringen und etwas reduzieren, Paprika unterrühren und abschmecken, Sahne unterrühren. Zum Schluss die Hühnerstücke wieder hinzufügen.

Das Ganze mit gekochtem Reis servieren, der förmlich in der leckeren Sauce ertrinken sollte, und mit grünem Salat.

Wer die etwas suppige Konsistenz nicht mag, kann etwas Speisestärke in kaltem Wasser anrühren und daruntermischen.

für 4-6 Personen

1 Huhn oder 4 Hühnerschenkel
2-3 EL edelsüßes Paprikapulver
Zwiebeln (mindestens das halbe Gewicht des Huhns)
Öl zum Braten
Brühe oder Wasser
1 TL Thymian
2 Knoblauchzehen
1-2 Becher Sahne

Buffalo Chicken Wings
Hühnerflügel mit Sellerie und Käsedip
(New York)

Buffalo Chicken Wings haben nichts mit Büffeln zu tun, sondern sind ein Gericht, das in der Stadt Buffalo nahe den Niagarafällen kreiert wurde. Dazu gehören Hühnerflügel und Selleriestangen mit einem Blue-Cheese-Dip.

*pro Person mindestens
3 Hühnerflügel
Paprikapulver
Stangensellerie nach Bedarf
Öl zum Braten
Blue-Cheese-Dip
(Variante auf Seite 115)*

Die Hühnerflügel mit einer Mischung aus Salz, Pfeffer und Paprika würzen. Den Backofen auf 180° C vorheizen.

In einer möglichst gusseisernen Pfanne oder einem Wok Öl erhitzen und die Hühnerflügel anbraten, bis sie rundum eine braune Farbe annehmen. Im Ofen bei Umluft bis zu 30 Minuten brutzeln lassen.

Chicken Cacciatore
Huhn auf Jägerart in Rotwein-Pilz-Sauce (Italienisch)

Die Prohibition hat viel zur wachsenden Beliebtheit italienischer Kost in den USA beigetragen, da viele der Speakeasys von italienischstämmigen Amerikanern betrieben wurden, die ihrer Kundschaft eine ordentliche Grundlage bieten wollten und daher die Mamma an den Herd stellten. In Italien gibt es tatsächlich Rezepte, die »Pollo alla Cacciatora« heißen, allerdings ohne Pilze, während in den USA das Gericht ohne Pilze undenkbar ist. Seit den 1930er Jahren ist es auf den Speisekarten italoamerikanischer Restaurants zu finden.

Das Huhn in sechs bis acht Stücke schneiden. Das Mehl mit Salz und Pfeffer würzen, die Hühnerteile darin wenden. Die Zwiebeln grob würfeln. Die Pilze putzen und in Scheiben schneiden. Die Tomaten zerkleinern, den Saft auffangen. Den Knoblauch hacken.
In einer tiefen, großen Pfanne Öl erhitzen und die Hühnerteile scharf anbraten. Die Zwiebeln zugeben und glasig dünsten. Die Pilze hinzufügen. Die Tomaten samt Saft zugeben, mit Oregano, Thymian und Knoblauch würzen. Den Wein angießen und das Tomatenmark hineinrühren. Etwa 30 Minuten köcheln, bis das Fleisch gar ist.
Die Hühnerteile herausfischen und die Sauce einkochen, bis die gewünschte Konsistenz erreicht ist.

für 4-6 Personen

1 Huhn (etwa 2 kg)
Mehl
2-3 Zwiebeln
400 g Champignons
1 Dose Tomaten (400 ml)
2 Knoblauchzehen
Olivenöl zum Braten
Oregano
Thymian
1/4 l Rotwein
2 EL Tomatenmark

Chicken Tetrazzini
Hühnchen-Auflauf
mit Nudeln und Pilzen

Dies ist ein Gericht, das so in Italien nicht existiert. Es wurde nach Luisa Tetrazzini benannt, einer bekannten Sopranistin des frühen 20. Jahrhunderts.

für 4 Personen

500 g gekochtes Hühnerfleisch
400 g Champignons
3 Schalotten
500 g Bandnudeln
70 g Butter
2-3 EL Mehl
1/2 l Hühnerbrühe
200 ml Sahne
3 EL Sherry
200 g Parmesan
Olivenöl zum Braten

Das Hühnerfleisch würfeln. Die Pilze putzen und klein schneiden. Die Schalotten würfeln. Die Nudeln 2 Minuten kürzer kochen, als auf der Packung angegeben – sie sollen noch ordentlich Biss haben, da sie im Auflauf weitergegart werden. Abgießen und mit kaltem Wasser abschrecken.
In einem Topf Butter zerlassen, Mehl hinzufügen und rühren, bis eine Paste entsteht. Die Brühe angießen und rühren, bis die Sauce sämig wird. Sahne und Sherry einrühren, mit Salz und Pfeffer abschmecken. Die Hälfte des Parmesans hineinreiben und verrühren.
In einer Pfanne Öl erhitzen und die Schalotten glasig dünsten. Die Pilze zugeben und anbraten, bis sie weich werden.
Die Nudeln mit der Sauce, den Pilzen und dem Fleisch mischen. In eine Auflaufform geben und mit dem restlichen Parmesan bestreuen. Im Ofen bei 160° C etwa 20 Minuten backen.

Chicken à la King
Hühnerpastete (New York)

Ein Frikassee in Pastete, das nach dem Besitzer des New Yorker Brighton Beach Hotel benannt ist. Franklin D. Roosevelt wünschte sich dieses Gericht zu seiner Amtseinführung im Jahr 1933 – doch auch ein Präsident bekommt nicht immer, was er will: Es gab kalten Hühnersalat.

Die Béchamelsauce in einen Topf geben, Huhn und Gemüse hinzufügen und erwärmen. Die Pastetenformen in den warmen Ofen setzen und ebenfalls erwärmen. Das Frikassee mit Weißwein abschmecken, nach Geschmack salzen und pfeffern. In die Pasteten füllen und servieren.

für 4 Personen als Vorspeise

400 ml Béchamelsauce
300 g gekochtes Hühnerfleisch
100 g gekochtes, aber bissfestes Gemüse (Erbsen, Möhren, grüne Bohnen, Blumenkohlröschen)
fertige Pasteten oder getoastetes Weißbrot
1 Schuss Weißwein

Southern Fried Chicken
Brathähnchen (Südstaaten)

KFC, Kentucky Fried Chicken, wird auf seinen Verpackungen durch einen älteren Herrn mit Hut repräsentiert: Colonel Harland Sanders, den Gründer der Kette. Da seine eigenen Restaurantunternehmungen fehlschlugen, obwohl seine geheime Gewürzmischung für Brathähnchen gut ankam, zog er persönlich durch die Lande und zeigte Wirten, wie man Hühner brät. Vier Cent pro verkauftem Huhn gingen an ihn. Aber Sanders hat Fried Chicken nicht erfunden, es war schon immer das typischste Gericht aus den Südstaaten. Ein beliebtes Paniermittel sind Cornflakes. Ich muss wohl nicht erwähnen, dass Kellogg's im Land des unbegrenzten Kapitalismus eigens zu diesem Zweck bereits zerkrümelte Cornflakes verkauft?

für 4 Personen

100 g Mehl
edelsüßes Paprikapulver
4 Hühnerschenkel,
in Ober- und
Unterschenkel geteilt
1-2 Eier
100 g Cornflakes
Butter und Öl zum Braten

Die Hälfte des Mehls mit Salz, Pfeffer und Paprika würzen und auf einem Teller bereitstellen. Die Eier in einem zweiten Teller verschlagen. Die Cornflakes in einen Gefrierbeutel geben, einige Male mit dem Nudelholz darüberrollen und mit dem restlichen Mehl auf einem dritten Teller vermischen. Die Hühnerstücke im Mehl, dann im Ei und zuletzt in der Mehl-Cornflakes-Mischung wenden.

In einer Pfanne Butter und Öl erhitzen und die Hühnerstücke von allen Seiten anbräunen. Bis zu 45 Minuten weiterbraten, bis sie gar sind, dabei gelegentlich wenden.

Mulacalong Chicken
Hühnchencurry
(Charleston und Savannah)

*Currygerichte haben sich in dieser Gegend ent-
wickelt, da sowohl Charleston als auch Savannah
Hafenstädte sind, in denen viele Gewürze anlan-
deten.*

Die Zwiebeln würfeln.
In einer schweren Pfanne Öl erhitzen und die
Hühnerstücke anbraten. Die Zwiebeln zugeben
und mitbraten, bis sie weich werden. Mit Salz,
Pfeffer und den Gewürzen bestäuben, 1 EL Zitronensaft und 1 TL Zitronenschale zugeben. Etwa
1/2 l Wasser angießen – das Huhn sollte knapp
bedeckt sein. Bis zu 40 Minuten köcheln.
Mit den Gewürzen und der Zitrone abschmecken.

für 4-6 Personen

2 Zwiebeln
Öl zum Braten
4 Hühnerschenkel oder
*   1 Huhn, zerteilt*
1 TL Kurkuma
1 TL gemahlener Koriander
1/2 TL Oregano
Cayennepfeffer nach
*   Geschmack*
1 Zitrone (abgeriebene Schale
*   und Saft)*

Chow Mein
Chow Mein (Chinesisch)

Die amerikanische Kochbuchbibel »Joy of Cooking« nennt diese beiden Gerichte »vaguely Chinese«, was man mit »entfernt chinesisch« übersetzen könnte. So ist es denn auch. Die Legende will, dass chinesische Köche die Gerichte beim Bau der transamerikanischen Eisenbahn erfunden haben. Chow Mein ist ein Nudelgericht, Chop Suey wird auf Reis serviert, sonst finden sich keine klaren Unterschiede. Im Folgenden ein Rezept, das Sie wahlweise auf Nudeln oder Reis servieren können.

für 4 Personen

50 g getrocknete chinesische Pilze
500 g chinesische Eiernudeln
500 g Hühnerbrust
4 Frühlingszwiebeln
1 Stange Lauch
Erdnuss- oder Sesamöl zum Braten
2 EL Sojasauce
1-2 TL geröstetes Sesamöl
1-2 EL geriebener Ingwer
100 g Bambussprossen
100 g Wasserkastanien
400 ml Hühnerbrühe
1 EL Maisstärke
2 EL Mirin oder Sherry
150 g Bohnensprossen

Den Backofengrill vorheizen. Die Pilze einweichen. Die Nudeln laut Packungsanweisung kochen, abgießen und gut abtropfen lassen. Ein Backblech leicht einfetten, die Nudeln daraufgeben und unter den Grill schieben. Grillen, bis sie leicht braun und knusprig werden, nach 2 bis 3 Minuten wenden.

Bevor Sie anfangen im Wok zu braten, sollten alle weiteren Zutaten griffbereit stehen: Die Hühnerbrust in Stücke, Frühlingszwiebeln und Lauch in Ringe schneiden. Die eingeweichten Pilze klein schneiden.

Öl erhitzen und die Hühnerbrust anbraten. Die Zwiebeln zugeben und unter ständigem Rühren 1 Minute mitdünsten. Sojasauce, Sesamöl und Ingwer unterrühren. Bambussprossen, Wasserkastanien, Pilze und Lauch zugeben, kurz dünsten. Die Brühe angießen und zum Kochen bringen, dann die Hitze reduzieren. Die Maisstärke mit Mirin anrühren und ins Chow Mein rühren. Zuletzt die Bohnensprossen zufügen. Den Wok vom Herd nehmen und die Mischung über die knusprig gegrillten Nudeln geben.

Variante: Chop Suey
Die Nudeln durch 250 g Reis ersetzen.

Papaya Chicken Stew
Papaya-Hühnchen-Eintopf (Hawaii)

Ein sehr wohlschmeckender Eintopf, der zwei der wichtigsten Produkte Hawaiis vereint: Die Inselgruppe ist der weltweit führende Produzent von Macademianüssen, die schon vor über 100 Jahren den Weg aus ihrer Heimat Australien nach Hawaii fanden. Und Papayas wachsen hier überall wild.

Die Frühlingszwiebeln in Ringe schneiden. Die Papayas schälen, halbieren, von Samen befreien und würfeln.
Das Mehl mit den Gewürzen vermischen. Die Hühnerstücke waschen, trocken tupfen und in der Mehlmischung wenden.
In einem schweren Topf Öl erhitzen und das Huhn rundum anbraten. Die Zwiebeln zugeben und mitbraten, bis sie weich werden. Mit Brühe knapp bedecken, zum Kochen bringen, Ingwer, Zucker und Zitronensaft unterrühren. Die Hitze reduzieren und alles 40 Minuten köcheln, bis das Fleisch gar ist.
Papayas und Nüsse hinzufügen und 5 Minuten mitkochen. Mit Salz und Pfeffer abschmecken.

für 4-6 Personen

4 Frühlingszwiebeln
2 reife Papayas
75 g Mehl
je 1 TL gemahlener Kreuzkümmel, Koriander, schwarzer Pfeffer und Kurkuma – oder 1 1/2 EL Currypulver
4 Hühnerschenkel oder 1 Huhn, zerteilt
Öl zum Braten
Hühnerbrühe oder Wasser
3 EL geriebener Ingwer
2 EL Rohrzucker
1 Zitrone (Saft)
1 Handvoll Macademianüsse

Spaghetti al Caruso
Spaghetti mit Leber

*Nach dem berühmten Tenor benannt, obwohl er
angeblich keine Hühnerleber mochte ...*

für 4 Personen

250 g Hühnerleber
2 Zwiebeln
250 g Champignons
1 große Dose Tomaten
*   (800 ml)*
2 EL Olivenöl
3 EL Tomatenmark
2 Knoblauchzehen
1/2 TL Thymian
1/2 TL Oregano
1 Lorbeerblatt
1 Prise Zucker nach
*   Geschmack*
Spaghetti
100 g geriebener Parmesan

Die Leber würfeln. Die Zwiebeln fein würfeln.
Die Pilze putzen und in Scheiben schneiden.
Die Tomaten zerkleinern, den Saft auffangen.
Öl erhitzen und die Zwiebeln glasig dünsten.
Die Leber zugeben und mitbraten. Die Champignons beifügen und andünsten. Die Tomaten samt Saft hinzufügen, Tomatenmark, zerdrückten Knoblauch und Kräuter unterrühren,
10 Minuten mitkochen. Mit Zucker, Salz und
Pfeffer abschmecken.
Währenddessen die Nudeln laut Packungsanweisung kochen, abgießen und abtropfen lassen. Mit Sauce servieren und Parmesan dazu
reichen.

◆

Meat
Fleisch

◆

Steak

Wer große Steaks liebt, greift am besten zum T-Bone- oder Porterhouse-Steak, Letzteres mit Filet. Beide sind leicht durch den T-förmigen Knochen zu erkennen, der das Fleisch durchzieht.
Wer ein etwas kleineres, dafür aber saftiges Steak liebt, greift zum Ribeye-Steak: schön marmoriert, mit einem Fettauge in der Mitte (aus dem gleichen Stück wie ein Entrecôte).
Das Steak sollte mindestens 2,5 cm dick sein, sonst trocknet es zu schnell aus.

Eine gusseiserne Pfanne verwenden und diese richtig heiß werden lassen, bevor das Steak hineingegeben wird.
Genaue Bratzeiten anzugeben ist schwierig. Die Fingerdruckmethode:
Weich und roter Saft: roh
Weich und rosa Saft: innen noch leicht rosa
Leichter Widerstand und durchsichtiger Saft: durch
Hart und kein Saft: trocken

Am besten das Steak aus der Pfanne nehmen, bevor es den gewünschten Gargrad erreicht hat. In Aluminiumfolie hüllen und 5 Minuten durchziehen lassen.

Chicken Fried Steak with Milk Gravy
Steak auf Schnitzelart mit Milchsauce
(Wilder Westen)

Echtes Cowboy Soul Food. Das auch als CFS bekannte Steak – wohlgemerkt aus Rindfleisch – kann auf einem Hamburger Brötchen als Sandwich serviert werden. Oder es verwandelt sich, in Streifen geschnitten, mit Fritten und Sauce zu Steak Fingers. In Texas wird es unter einer pfeffrigen Milchsauce begraben.

Die Steaks wie Wiener Schnitzel weich klopfen. Die Eier in einem Teller verschlagen. Mehl mit Salz und reichlich frisch gemahlenem Pfeffer würzen und auf einem zweiten Teller bereitstellen. Die Steaks zunächst im Ei, dann im Mehl, dann wieder im Ei und nochmals im Mehl wenden. Überschüssiges Mehl abschütteln. In einer Pfanne reichlich Öl erhitzen und die Steaks auf beiden Seiten braten.
Herausnehmen und das Öl bis auf 2 bis 3 EL abgießen. Das vom Wenden übrig gebliebene Mehl (2 bis 3 EL) hinzufügen und rühren, bis eine Paste entsteht. Langsam die Milch angießen, dabei immer weiterrühren, bis eine dicke Sauce entsteht. Mit Salz und viel Pfeffer abschmecken.

für 4 Personen

4 sehr dünn geschnittene Steaks
2 Eier
Mehl zum Wenden
Öl oder Butterschmalz zum Braten
350 ml Milch

Meat Loaf
Hackbraten

Amerikanische Hausmannskost im allerbesten Sinne. Es existieren unzählige Rezepte, auch Campbell's Suppen hat eines beigesteuert, in dem statt Ketchup eine Dose Pilzcreme- oder Cheddar-Cheese-Suppe zugegeben wird und statt Semmelbrösel zerdrückte Cracker. Wer also experimentieren möchte, nur zu!

für 6-8 Personen

2-3 Brötchen oder
  4-5 Scheiben Toastbrot
150 ml Milch
1 Zwiebel
1 Möhre
1 Zucchino
1/2 Bund Petersilie
Öl zum Braten
100 g Speck
100 g geriebener Parmesan
2 zerdrückte Knoblauchzehen
2-3 Eier
1 kg Hackfleisch
200 ml Ketchup

Den Backofen auf 190° C vorheizen. Die Brötchen zerkrümeln und in Milch einweichen. Die Zwiebel fein würfeln. Möhre und Zucchino raspeln. Die Petersilie klein hacken. Öl erhitzen und die Zwiebel braten, bis sie weich ist. Den Speck würfeln und knusprig braten. Alle Zutaten mischen und gut verkneten. In eine Kastenform füllen und im Ofen bis zu einer Stunde backen.

New England Boiled Dinner
Rindfleischeintopf (Neuengland)

Der klassische Eintopf aus Neuengland, zubereitet nach demselben Prinzip wie die italienische Bollito misto: Alles wird in einem Topf gekocht, aber separat serviert. Der Kessel mit dem Fleisch und Gemüse wurde morgens aufgesetzt und sein Inhalt mittags verzehrt.

Die Rinderbrust mit geviertelten Zwiebeln und Gewürzen in einem großen Topf mit Wasser bedecken und zum Kochen bringen. Die Hitze reduzieren und gut zwei Stunden zugedeckt köcheln. Die Möhren halbieren, die Pastinaken schälen und vierteln und mit dem Sellerie in 3 cm große Stücke schneiden. Den Weißkohl achteln, die Kartoffeln vierteln. Die Gemüse zugeben und alles weitere 20 Minuten kochen, bis das Gemüse gar ist. Lorbeerblätter und Nelkenzwiebel herausfischen. Mit geriebenem Muskat abschmecken – erst jetzt salzen, falls nötig. Das Fleisch herausnehmen und in Scheiben schneiden. Auf einer Platte anrichten und das Gemüse rundum arrangieren. Mit Meerrettich oder Senf servieren. Die Brühe anderweitig für eine Suppe verwenden – oder als Vorsuppe servieren.

mindestens 2 1/2 Stunden vorher beginnen
für 8 Personen

1 gepökelte Rinderbrust (etwa 2 kg – beim Metzger vorbestellen)
4 Zwiebeln
1 Zwiebel, mit Gewürznelken gespickt
2 Knoblauchzehen
3 Lorbeerblätter
1 TL zerstoßener schwarzer Pfeffer
3 Wacholderbeeren
4 Thymianzweige oder 1 TL getrockneter Thymian
4 Möhren
2 Pastinaken
5 Stangen Sellerie
1 kleiner Kopf Weißkohl
3 große Kartoffeln
Muskatnuss
Meerrettich oder Senf zum Servieren

Patty Melt
Kalifornischer Cheeseburger (Kalifornien)

Eine regionale Variante des Burgers auf Sauer-
teigbrot. Eine weitere wäre, ihn in eine arabische
Pita-Tasche zu stecken.

pro Burger:
150 g nicht ganz fein
  gehacktes Hackfleisch
  vom Rind
1 kleine Zwiebel
Butter und Öl zum Braten
2 Scheiben Sour Dough
  Bread (Seite 81)
1 Scheibe Emmentaler Käse

Das Hackfleisch kurz durchkneten und einen
Burger daraus formen, möglichst der Form des
Brotes angepasst. Die Zwiebel in feine Ringe
schneiden.
In einer Pfanne Butter und Öl erhitzen und die
Zwiebel etwa 10 Minuten dünsten, bis sie weich
und glasig ist. Herausnehmen und den Burger
braten, bis er den gewünschten Gargrad erreicht
hat. Das Brot toasten, auf eine Scheibe den Burger, auf die andere den Käse legen. Die Zwiebel
auf den Käse häufen und die Brote zusammenklappen. Frisches Fett in die Pfanne geben und
das Sandwich auf beiden Seiten braten, bis der
Käse schmilzt.
Dazu natürlich Ketchup, Pommes frites und gebratene Zwiebelringe reichen.

Goat Stew
Ziegenragout (Georgia)

Den Backofen auf 150° C vorheizen. Das Fleisch mundgerecht würfeln. Zwiebeln und Sellerie fein würfeln, die Möhren in Scheiben schneiden. In einem Schmortopf Öl erhitzen und das Fleisch rundum anbraten. Zwiebeln, Sellerie und Möhren zugeben und mitbraten. Erdnüsse und zerdrückten Knoblauch in den Topf geben, dann Tomatenmark, Gewürze und Zitronensaft. Die Brühe angießen und zum Kochen bringen, umrühren. Den Topf in den Ofen stellen und das Fleisch gut zwei Stunden garen, bis es ganz zart ist.

Wenn das Ragout auf dem Herd statt im Ofen gart, immer wieder umrühren und kontrollieren, ob die Flüssigkeit reicht: Wenn nötig, Wasser nachgießen.

Tipp
Falls Sie eine ganze Zickleinschulter kaufen, entbeinen Sie das Fleisch und kochen aus dem Knochen, einer Zwiebel, zwei Lorbeerblättern, ein paar Pfefferkörnern und zwei bis drei Gewürznelken eine Fleischbrühe.

mindestens 2 Stunden
vorher beginnen
für 4-6 Personen

1 kg Fleisch aus der Keule
oder Schulter eines
Zickleins
3-4 Zwiebeln
2 Stangen Sellerie
3-4 Möhren
Öl zum Braten
2 EL zerstoßene Erdnüsse
oder Crunchy-
Erdnussmus
2 Knoblauchzehen
3 EL Tomatenmark
2 Lorbeerblätter
etwas Cayennepfeffer
oder Tabasco
1/2 TL geriebener Ingwer
1/4 TL Gewürznelkenpulver
nach Geschmack
2 EL Zitronensaft
750 ml Fleischbrühe

Grits and Grillade
Maisbrei mit Schmorfleisch
(Südliches Louisiana)

Früher stand hinter dem Haus der Mörser für den Mais: ein ausgehöhlter Baumstumpf mit einem hölzernen Stößel, der an einem Ast befestigt war, was den Stößel nach dem Zuschlagen wie an einer Feder wieder hochschnellen ließ. Daneben befand sich ein Behälter für Holzasche, die mit Wasser versetzt wurde. In dieser Lauge wurde der Mais eingeweicht, um ihn zu enthülsen und genießbarer zu machen.
Das Gericht wird auch gerne zum Frühstück gegessen.

mindestens 1 1/2 Stunden
vorher beginnen
für 4 Personen

800 g Hüftsteak oder
ein anderes nicht
zu zartes Steak
75 g Mehl
Cayennepfeffer
2 Zwiebeln
1 grüne Paprikaschote
2 Stangen Sellerie
1 Dose Tomaten (400 ml)
Öl zum Braten oder Fett von
ausgelassenem Speck
Roux (Seite 179 – die Hälfte
der angegebenen Menge)
2-4 Knoblauchzehen
1/2 l Brühe
2 Lorbeerblätter
1 Schuss Apfelessig
1 Bund Petersilie
2-3 Frühlingszwiebeln
Creamy Breakfast Grits
(Seite 75)

Das Steak in 5 cm große Quadrate schneiden und dünn ausklopfen. Das Mehl mit Cayennepfeffer, Salz und Pfeffer würzen und das Fleisch darin wenden. Die Zwiebeln in Ringe schneiden, die Paprika halbieren, entkernen, waschen und fein würfeln. Den Sellerie in Halbmonde schneiden. Die Tomaten zerkleinern, den Saft auffangen.

In einer schweren Pfanne Öl erhitzen oder Speck auslassen und die Fleischstücke rundum bräunen. Aus der Pfanne nehmen und auf eine Platte legen.

In einem Topf die Roux erhitzen und das Gemüse mit zerdrücktem Knoblauch etwa 5 Minuten anbraten. Brühe, Tomaten samt Saft und Lorbeerblätter zugeben, alles zum Kochen bringen. Die Hitze reduzieren, bis das Gemüse nur noch köchelt, das Fleisch in den Topf geben und anderthalb Stunden köcheln. Mit Essig, Salz und Pfeffer abschmecken.

Die Petersilie hacken, die Frühlingszwiebeln in dünne Ringe schneiden. Über das Gericht geben und mit Grits servieren.

Veal Parmigiana
Überbackenes Kalbsschnitzel
(Italienisch)

Ein typisches Rezept für die Veränderungen, die Gerichten in der Neuen Welt widerfuhren: Italiener brachten panierte und überbackene Auberginen oder Zucchini mit, in Amerika wurde aus dem Gemüse Fleisch, hier Kalbfleisch. Nancy Verde Barr erzählt in ihrem Buch »We called it Macaroni«, wie Sozialarbeiter in die diversen Little Italys geschickt wurden, um deren Bewohner vor dem ungesunden Genuss von zu viel Gemüse zu warnen.

Das Mehl mit Salz und Pfeffer würzen und auf einem Teller bereitstellen. Die Eier in einem zweiten Teller verschlagen. Die Semmelbrösel mit 30 g Parmesan und Kräutern auf einem dritten Teller vermischen. Die Kalbsschnitzel im Mehl, dann im Ei und zuletzt in den Semmelbröseln wenden. Den Backofen auf 170° C vorheizen.
In einer schweren Pfanne Öl erhitzen und die Schnitzel auf beiden Seiten goldbraun braten. Auf Küchenpapier abtropfen lassen.
Eine Auflaufform einfetten. Den Boden mit etwas Tomatensauce bedecken und die Schnitzel darauf verteilen, sodass sie sich leicht überlappen. Mit Parmesan bestreuen und mit der restlichen Tomatensauce übergießen. Mit der in Scheiben geschnittenen Mozzarella abdecken, den restlichen Parmesan darauf verteilen. Mit Aluminiumfolie abdecken und im Ofen etwa 25 Minuten backen.

für 4 Personen

Mehl
2 Eier
150 g Semmelbrösel
80 g geriebener Parmesan
2 EL fein gehackte Petersilie
2 EL fein gehacktes Basilikum
Olivenöl zum Braten
8 kleine Kalbsschnitzel
Tomatensauce
2 Kugeln Mozzarella

Fajitas
Rindfleisch-Wraps (Tex-Mex)

Fajitas werden als DIY-Wrap (DIY: Do It Your-self) serviert. Das verwendete Fleisch (Fajita) bezeichnet das Zwerchfell und ist in Bayern als Kronfleisch bekannt.

*mindestens 6 Stunden
  vorher beginnen
für 4 Personen*

*500 g gebratenes Rindfleisch
  (Kronfleisch, Dünnung)
Öl zum Braten
1 Zwiebel
je 1 rote und grüne
  Paprikaschote
8 Tortillas (Seite 203)
Refried Beans (Seite 211)
Guacamole (Seite 93)
  aus 2 Avocados
Salsa del Norte oder
  Pico de Gallo (Seite 196)*

*für die Marinade:
1 reife Papaya
50 ml Sojasauce
100 ml Sherry
1 EL Limettensaft
2 Knoblauchzehen
2 TL Rohrzucker
klein gehackte Chilischoten
  nach Geschmack*

Für die Marinade alle Zutaten in einer Küchenmaschine pürieren. Das Fleisch in Streifen schneiden und sechs Stunden marinieren. Dann Öl erhitzen und das Fleisch braten, bis es gar ist.
Die Zwiebel in hauchdünne Ringe schneiden, die Paprika halbieren, entkernen, waschen und in Streifen schneiden. Beides auf einem Teller anrichten, Fleisch und Tortillas dazulegen und servieren. Bohnenmus und Guacamole in Schüsselchen auf den Tisch stellen – bei Tisch füllt und rollt man sich seine eigenen Tortillas.

Buffalo Tongue
Büffelzunge (Wilder Westen)

Büffelzunge war eine der beliebtesten Delikatessen im 19. Jahrhundert. Waggonladungen voller geräucherter Zungen gingen aus dem Westen des Landes zur Ostküste und von dort weiter nach Europa.
Die Büffeljagd war maßlos. Nach 1840 gab es Büffel nur noch westlich des Mississippi und nach 1860 nur noch hoch im Norden. Aus Eisenbahnwaggons heraus wurde auf die Tiere geschossen. In North Dakota, hieß es, konnte man 100 Meilen entlang der Eisenbahnlinie wandern, ohne den Boden zu berühren: Man lief auf Büffelknochen.

Die Zwiebel hacken. Die Zunge in einem Topf mit Wasser bedecken, Zwiebel, Lorbeerblätter, 1 TL Pfefferkörner und Salz zugeben. Alles zum Kochen bringen und zweieinhalb Stunden köcheln.
Für die Sauce alle Zutaten miteinander vermischen.
Die Zungenhaut abziehen, die Zunge dünn schneiden und mit der Sauce servieren.

mindestens 2 1/2 Stunden vorher beginnen
für 4 Personen als Haupt- oder für 8 als Vorspeise

1 Büffelzunge (ersatzweise Rinderzunge)
1 Zwiebel
2 Lorbeerblätter

für die Sauce:
Mayonnaise
gehackte Kapern
Meerrettich

Goetta
Haferflocken-Fleisch-Kuchen
(Südwest-Ohio und Nord-Kentucky)

Ein Gericht des späten 19. Jahrhunderts aus Cincinnati, das von deutschen Arbeitern auf den Schlachthöfen gegessen wurde und dazu diente, Schweinefleischabfälle zu verwerten.

*mindestens 4 1/2 Stunden
vorher beginnen
für 10 Personen*

*500 g Zwiebeln
2 Stangen Sellerie
1 1/2 kg Schweineschulter
    mit Knochen
2 Lorbeerblätter
2 Salbeizweige
3 Thymianzweige
1 EL Majoran
1 Rosmarinzweig
2 Gewürznelken
730 ml grobe Haferflocken*

Die Zwiebeln grob hacken, den Sellerie klein schneiden. Das Fleisch in einem Topf mit Wasser bedecken, Gemüse, Gewürze, je 1 TL Salz und Pfeffer zugeben. Langsam zum Kochen bringen und bei schwacher Hitze zwei Stunden kochen, bis das Fleisch von Knochen fällt. Abgießen, das Fleisch auf einem Teller zur Seite stellen, Gemüse und Gewürze entsorgen. Die Brühe wieder auf den Herd stellen, Haferflocken zugeben, zum Kochen bringen und ohne Deckel zwei Stunden köcheln – die Brühe sollte dick werden. Das Fleisch in den Brei rühren und alles mindestens weitere 30 Minuten köcheln. Die Masse in eine mit Aluminiumfolie ausgelegte Kastenform kippen, abkühlen lassen und in den Kühlschrank stellen. Zum Frühstück wird die Goetta in Scheiben geschnitten und gebraten, möglichst in Speckfett.

Schnitz and Knepp
Kasseler mit Apfel und Klößchen
(Pennsylvania)

Manchmal überdauern historische Speisen fern der Heimat. Ein Gericht der Pennsylvania Dutch mit deutschem Namen, das hier unbekannt ist. »Schnitz« steht für Apfelschnitze und »Knepp« für Knödel.

Die Zwiebeln in Ringe schneiden. Kasseler und Zwiebeln in einem schweren Topf mit Wasser bedecken und zum Kochen bringen. Die Hitze reduzieren. Nach 30 Minuten Apfelringe und Zucker zugeben, eine weitere Stunde köcheln. Währenddessen das Mehl mit Backpulver und Salz vermischen, die Milch mit dem Ei verschlagen. Butter zerlassen, mit der Eiermilch zum Mehl geben und vermischen. Die Masse mit Esslöffeln klößchenweise in die Sauce tropfen lassen und 15 Minuten köcheln, bis die Klößchen gar sind.

mindestens 2 Stunden vorher beginnen
für 6 Personen

2 Zwiebeln
1 kg Kasseler
100 g getrocknete Apfelringe
60 ml Rohrzucker
375 ml Mehl
2 TL Backpulver
125 ml Milch
1 Ei
40 g Butter

Spareribs
Rippchen (All American)

Die Rippchen in Aluminiumfolie hüllen und bei etwa 140° C langsam backen, bis sie gar sind. Das Fett abgießen, die Rippchen mit der Sauce bestreichen und kurz knusprig grillen.

pro Person mindestens 3 Rippchen (ein Strang reicht für 4 Personen)
BBQ-Sauce (Seite 169)

Brats and Beer
Bratwurst mit Zwiebeln (Milwaukee)

Zunächst wurde in den USA Ale und Porter gebraut, beides obergärige Biere mit hohem Alkoholgehalt, schon um die Haltbarkeit zu verlängern. 1840 kam der bayerische Brauer Georg Wagner mit Hefe im Gepäck in Philadelphia an, mit deren Hilfe er ein untergäriges Bier braute, das über längere Zeit gelagert werden konnte. 1850 erreichte die neue Hefe Milwaukee, eine Stadt im Herzen des amerikanischen Gerstenanbaus, die bald zum Zentrum des neuen Lager-Bier-Booms wurde, da es in der deutschstämmigen Bevölkerung regen Absatz fand. Während in Philadelphia sich Lager und Ale in etwa die Waage hielten, wurde in Milwaukee fast 20-mal so viel Lager getrunken wie Ale.

Neben ihrer Braukunst brachten die deutschen Einwanderer auch Bratwürste mit.

für 4 Personen

4 rohe, dicke Bratwürste
1/3 l Bier
1 TL zerstoßener
    schwarzer Pfeffer
2 TL Kümmel
2 Zwiebeln
1 EL Butter
1 EL Apfelessig
1 Prise Zucker
4 Hotdog- oder längliche
    Brötchen, getoastet
Senf

Die Bratwürste rundum mit einer Gabel anpieksen, mit Bier, Pfeffer und 1 TL Kümmel in einen Topf geben. Zum Kochen bringen, die Hitze reduzieren und etwa 10 Minuten köcheln, bis die Würste gar sind. Abgießen.

Währenddessen die Zwiebeln in Ringe schneiden. In einer Pfanne Butter zerlassen und die Zwiebeln anbraten, den restlichen Kümmel zugeben. Wenn die Zwiebeln glasig sind, Essig und Zucker hinzufügen und mitbraten, bis der Essig verdunstet ist. Die Pfanne vom Herd nehmen.

Die Bratwürste auf dem Grill oder in der Pfanne braten. Im Brötchen mit Zwiebeln und Senf servieren.

Pulled Pork
Schweinebraten
(Östliches North Carolina)

Laut dem Food-Journalisten Alan Richman ist ein Pulled Pork Sandwich das Beste, was die Regionalküche der USA zu bieten hat. Schweinebraten mit Krautsalat auf Brötchen – und zwar die Variante aus dem Osten von North Carolina, wo man Tomaten auch dann noch für giftig hielt, als der Rest der Welt sie bereits aß. In der Mitte und im Westen von North Carolina wird nämlich Ketchup bei der Zubereitung verwendet – Ketzerei in den Augen von Mr Richman. Und eigentlich muss der Braten auf dem Grill über Hickory-Holz gegart werden.

Für die Marinade alle Zutaten verrühren. Die Schweineschulter damit einreiben und einige Stunden marinieren.
Für die Sauce alle Zutaten aufkochen, bis sich der Zucker aufgelöst hat.
Den Backofen auf 130° C vorheizen. Das Fleisch in den Bräter legen und bei schwacher Hitze gut acht Stunden braten, bis das Fleisch vom Knochen fällt, dabei immer wieder esslöffelweise mit der Sauce beträufeln.
Einen Cole Slaw zubereiten. Das Fleisch mit der restlichen Sauce beträufeln und mit dem Salat auf das Baguette geben.

mehrere Stunden vorher beginnen
für mindestens 12 Sandwichs

2 1/2 kg Schweineschulter mit Knochen und Schwarte, rautenförmig eingeritzt
Cole Slaw (Seite 112) ohne Mayonnaise und Ketchup
Baguette

für die Marinade:
4 zerstoßene getrocknete Chilischoten
Räucheraroma oder -salz nach Geschmack
Öl
Salz (wenn möglich Rauchsalz) und Pfeffer

für die BBQ-Sauce:
1/2 l Apfelessig
2 EL Rohrzucker
zerstoßene getrocknete Chilischoten nach Geschmack
Salz und Pfeffer
für Ketzer: 1 ordentlicher Schuss Cola plus Ketchup

Ham in Coca-Cola
Schinken in Coca-Cola (Südstaaten)

Wahrscheinlich eines der bekanntesten Coca-Cola-Rezepte – vielleicht einfach deshalb, weil es tatsächlich schmeckt. In Gebäck dient Cola oft nur als Süßmittelersatz; das mag aufregend klingen, führt geschmacklich jedoch zu keinem Aha-Erlebnis.

Erfunden wurde Coca-Cola in den 1880er Jahren in Atlanta von einem Apotheker namens Pemberton, der aus dem Bürgerkrieg verwundet zurückgekehrt war. Sein Beruf und seine Versuche, die Schmerzen seiner Verwundung zu bekämpfen, mögen zur Erfindung von Coca-Cola beigetragen haben. Groß wurde das Getränk, nachdem Asa Candler die Firma erwarb und durch geniales Marketing zum Erfolg führte.

mehrere Stunden vorher beginnen

für 12 Personen

2-3 kg gepökelter Schinkenbraten (beim Metzger vorbestellen)
2 l Cola
2 Zwiebeln
2 EL Dijon-Senf
2 EL Rohrzucker
2 EL Honig

In einem Topf den Schinken mit Coca-Cola übergießen. Die Zwiebeln hacken und zugeben. Zum Kochen bringen und zwei bis drei Stunden köcheln.

Den Backofen auf 200° C vorheizen. Wenn der Schinken eine Schwarte hat, diese rautenförmig einschneiden. Mit Senf und dann mit Zucker einreiben, mit Honig beträufeln. Im Ofen etwa 20 Minuten backen, dabei immer wieder Senf-Honig, der herunterrinnt, über den Schinken träufeln, bis sich eine schöne Glasur bildet.

Stew Country Captain
Eintopf (Virginia)

Jede Hafenstadt entlang der amerikanischen Süd-
staaten-Atlantikküste hat ein eigenes Rezept für
den Country Captain, ein Currygericht, das über
Großbritannien in die USA kam. In den Hafen-
städten war man besonders gut mit Gewürzen
versorgt.

Für die Brühe die Zwiebeln halbieren, die Möhren vierteln, den Sellerie hacken. Mit Huhn und Lorbeerblättern in einen Topf geben, mit Wasser bedecken und ein bis zwei Stunden kochen, bis das Huhn gar ist. Abgießen, die Brühe aufbewahren. Das Fleisch vom Knochen lösen und auf einem Teller zur Seite stellen, das zerkochte Gemüse entsorgen.
Für die Gewürzmischung alle Zutaten in einem Mörser gut zerstoßen.
Die Zwiebeln hacken, die Paprika halbieren, entkernen, waschen und in Streifen schneiden.
Öl erhitzen, Zwiebeln und Paprika anbraten, zerdrückten Knoblauch zugeben. Mit gut der Hälfte der Passata und 1/2 l Brühe auffüllen. Die Hälfte der Gewürze zugeben. Schmoren, bis die meiste Flüssigkeit verdampft ist. Kurz vor Ende der Kochzeit die Rosinen dazugeben.
Das Hühnerfleisch klein schneiden und zugeben, etwas Flüssigkeit angießen und nachwürzen. Die Mandelblättchen darüberstreuen.

mindestens 2 Stunden
vorher beginnen
für 4-6 Personen

1 Huhn
2 Zwiebeln
2 grüne Paprikaschoten
Öl zum Braten
2 Knoblauchzehen
700 ml Passata
(pürierte Tomaten)
100 g Rosinen
100 g geröstete Mandel-
blättchen

für die Brühe:
2 Zwiebeln
2 Möhren
2 Stangen Sellerie
2 Lorbeerblätter

für die Gewürzmischung:
2 TL Koriandersamen
1 TL Kreuzkümmelsamen
4 getrocknete Chilischoten
2 TL Kurkuma
6 Gewürznelken
4 Pimentkörner
1 TL schwarzer Pfeffer
1 Prise geriebener Ingwer
1 Prise gemahlener Zimt

Burgoo
Südstaateneintopf (Kentucky)

*Ein Eintopf aus verschiedenen Gemüsen wie
Mais, Okraschoten, Limabohnen, Kartoffeln und
Fleischsorten wie Hammel und Wild. Aber auch
»road kills«, also überfahrene Tiere, finden ihren
Weg in den Topf.
Eichhörnchen taucht im Burgoo immer wieder
auf. John Martin Taylor, Verfasser eines Koch-
buchs über die »Low Country« um Charleston,
South Carolina, warnt allerdings vor Eichhörn-
chen aus Nadelwäldern, da sie zu harzig schmeck-
ten, solche aus Pecanhainen dagegen seien lecker
und saftig.
Traditioneller Eintopf zum Kentucky Derby in
Louisville am ersten Maiwochenende.*

*mindestens 3 Stunden
vorher beginnen
für 12 Personen*

*1 großes Suppenhuhn
oder Kaninchen
1 kg Beinscheiben
(Rinderhesse)
1 Lammschulter oder
3 Lammhaxen
3 Zwiebeln
1 Chilischote
1 kg Tomaten
500 g Kartoffeln
300 g Limabohnen
300 g Mais
3 Möhren
1 grüne Paprikaschote
2 Knoblauchzehen*

Alle Fleischsorten mit Zwiebeln, Chilischote,
Salz und Pfeffer in einem Topf mit Wasser bedecken und zum Kochen bringen. Abschäumen
und bei schwacher Hitze zugedeckt bis zu drei
Stunden köcheln, bis das Fleisch gar ist.
Währenddessen das Gemüse vorbereiten und in
bissgerechte Stücke schneiden.
Wenn das Fleisch gar ist, aus dem Topf fischen
und auf einem Teller zur Seite stellen. Das Gemüse hineingeben und etwa 30 Minuten kochen. Sobald das Fleisch abgekühlt ist, die Haut
entfernen, das Fleisch von den Knochen lösen,
in bissgerechte Stücke schneiden und zurück in
den Topf geben.
Dazu wird Corn Bread (Seite 84) gereicht.

Cincinnati Chili
Chili con Carne mit Spaghetti (Ohio)

Ohio, zwischen Pennsylvania und Indiana gelegen, steht nicht im Verdacht, zu den Südstaaten zu gehören, schon gar nicht zum Südwesten, den man normalerweise mit Chili in Verbindung bringt. Und dennoch beherbergt dieser Staat die Chili-Hauptstadt der Vereinigten Staaten: Cincinnati mit 200 Chili Parlors, Restaurants, die sich auf dieses Gericht spezialisiert haben. Das Besondere am Cincinnati Chili ist nicht nur das sehr fein durchgedrehte Fleisch, sondern auch, dass es ohne Zwiebeln angebraten und mit Spaghetti serviert wird.

Das geht zurück auf die mazedonischen Brüder Kiradjieff, die in der 20er Jahren ein griechisches Lokal betrieben, ohne großen Erfolg bei der mehrheitlich deutschstämmigen Bevölkerung. Der stellte sich erst ein, als sie auf Chili setzten.
Heutzutage ordert man Chili in Cincinnati folgendermaßen:
One way: Eine Schüssel Chili (in Texas heißt das: a bowl of red).
Two way: Das Chili wird über Spaghetti serviert.
Three way: Über beides wird Käse gerieben.
Four way: Hier gibt es zusätzlich rohe Zwiebeln.
Five way: Kidneybohnen sind die fünfte Zutat.
Bei der Variante »Inverted« liegt der Käse unter den heißen Zutaten, damit er besser schmilzt.

für 4-6 Personen

1 Zwiebel
2-3 Knoblauchzehen
1 große Dose Tomaten
*   (800 ml)*
Öl zum Braten
1 kg Hackfleisch vom Rind
1/2 l aufgebrühter Kaffee
1/2 TL gemahlener Piment
2 TL gemahlener
*   Kreuzkümmel*
3 zerstoßene getrocknete
*   Chilischoten*
1 TL gemahlener Zimt
1/4 TL geriebener Ingwer
2 Lorbeerblätter
5 Gewürznelken
1 Riegel Schokolade (20 g)
1 EL Worcestershire-Sauce
1 EL Apfelessig
Tabasco nach Geschmack
zum Garnieren: Spaghetti,
*   geriebener Cheddar,*
*   Zwiebelwürfel oder*
*   Kidneybohnen*

Die Zwiebel würfeln, den Knoblauch hacken. Die Tomaten zerkleinern, den Saft auffangen. In einem Topf Öl erhitzen und das Hackfleisch anbraten. Zwiebel und Knoblauch zugeben, 5 Minuten mitbraten. Die Tomaten samt Saft hinzufügen. Den Kaffee darübergießen und zum Kochen bringen. Nacheinander alle Gewürze zugeben und jeweils mit dem Fleisch vermischen. Gut 30 Minuten köcheln. Ist zu wenig Flüssigkeit vorhanden, mit Wasser auffüllen. Mit Salz und Pfeffer abschmecken.

San Antonio Chili
Chili-Gulasch (Texas)

Auch wenn niemand genau sagen kann, wann und wo das erste Chili gekocht wurde, San Antonio im Süden von Texas ist zweifelsfrei die Stadt, wo es ab 1880 wirklich bekannt wurde. Es ist nicht belegt, ob Chili con carne aus San Antonio kommt, unbestritten ist jedoch, dass die Stadt bereits im 19. Jahrhundert große Attraktivität für Touristen besaß, besonders durch die Chili Queens, Frauen, die auf öffentlichen Plätzen Stände errichteten und Chili als Imbiss anboten. Ende der 1930er Jahre mussten die Chilistände im Zuge verschärfter Hygieneverordnungen schließen. 1942 wurde in der Lokalzeitung das Foto einer alten Frau mit großem Eisentopf abgedruckt, Bildunterschrift: »Chili con Hitler«. *Die alte Frau hatte den 125-jährigen Eisentopf gespendet, als Beitrag im Kampf gegen die Faschisten. Im 19. Jahrhundert gehörten Bohnen übrigens nicht ins Chili.*

für 4 Personen

700 g Rindfleisch
300 g Schweinefleisch
3 große Zwiebeln
Öl oder Schweineschmalz
*   zum Braten*
4 Knoblauchzehen
1 frische Chilischote oder
*   mehr, je nach Geschmack*
2 getrocknete Chilischoten
*   oder mehr, je nach*
*   Geschmack*
1 EL Kreuzkümmelsamen
1 EL getrockneter Oregano

Das Fleisch in 1 cm große Würfel schneiden. Die Zwiebeln würfeln.
Fett erhitzen und das Fleisch unter ständigem Rühren scharf anbraten. Die Zwiebeln zugeben und glasig dünsten. Gut 1 l Wasser angießen und zum Kochen bringen. Die Hitze reduzieren. Zerdrückten Knoblauch und Gewürze im Mörser zu einer Paste verarbeiten. Zum Chili geben, nach Geschmack salzen und köcheln, bis das Fleisch mürbe ist.

Variante

Texas-Tacos sind Maisfladen, die durch Frittieren ihre starre Form erhalten. Sie können mit Chili oder Picadillo, Bohnen, Guacamole, Salat, Salsa, Tomaten, Käse usw. gefüllt werden.

Picadillo
Gewürztes Hackfleisch (Texas)

Zwiebel und Tomaten fein würfeln. Den Apfel schälen, entkernen und reiben. Öl erhitzen und das Hackfleisch anbraten. Die Zwiebel zugeben und glasig dünsten. Tomaten und Apfel unterrühren, dann die restlichen Zutaten bis auf die Mandelblättchen hinzufügen. Etwa eine Stunde köcheln, dabei gelegentlich umrühren. Wenn nötig, etwas Wasser zugießen. Zum Schluss mit Mandelblättchen bestreuen.

für 4 Personen

1 große Zwiebel
3 Tomaten
1 Apfel
Öl zum Braten
500 g Hackfleisch vom Rind
2 gehackte Knoblauchzehen
1 Handvoll Rosinen
1 Handvoll in Ringe geschnittene grüne Oliven
1 fein gewürfelte Jalapeño oder mehr, je nach Geschmack
2 zerdrückte Knoblauchzehen
1 EL Apfelessig
1 TL Rohrzucker
1/2 TL gemahlener Zimt
1/2 TL gemahlener Kreuzkümmel
1/2 TL Gewürznelkenpulver
1/2 TL Oregano
50 g Mandelblättchen

Red Flannel Hash
Rote-Bete-Rindfleisch-Pfanne (Neuengland)

Ein traditionelles Rezept für den bitterkalten neu-englischen Winter, mit haltbar gemachtem Fleisch (New England Boiled Dinner, Seite 159) und Wurzelgemüse.

Kartoffeln und Rote Beten schälen und kochen. Abkühlen lassen und würfeln. Das Fleisch ebenfalls würfeln. Zwiebel und Petersilie hacken. Den Speck auslassen, kross-braun anbraten und mit einem Schaumlöffel herausfischen. Die Zwiebel ins Fett geben und glasig dünsten. Fleisch und Speck zugeben, dann Kartoffeln und Rote Beten. Salzen und pfeffern. Etwa 15 Minuten durchwärmen. Wenn die Masse zu trocken wird und anzubrennen droht, etwas Wasser nachgießen. Mit Sahne verfeinern und mit Petersilie bestreuen.

für 4 Personen

300 g Salzkartoffeln
300 g Rote Beten
300 g gepökeltes Rindfleisch oder Bratenreste
1 große Zwiebel
Petersilie
75 g fetter Speck
Sahne nach Geschmack

Philadelphia Pepper Pot
Kutteleintopf (Nordosten)

Ein Gericht aus dem amerikanischen Unabhängigkeitskrieg (1775–1783): Im harten Winter 1777/78 hatten die Köche von George Washingtons Armee nur noch Kutteln und Pfeffer. Offensichtlich schmeckte es den Soldaten und gab ihnen genug Kraft, um weiterzukämpfen.

*mindestens 3 Stunden
vorher beginnen
für 4 Personen*

*1 Kalbsfuß
1 TL Majoran
1 TL Bohnenkraut
2 Thymianzweige
1 Lorbeerblatt
3 EL gehackte Petersilie
1 kg Kutteln (vom Metzger
Ihres Vertrauens)
3 Kartoffeln
3 Möhren
3 Stangen Sellerie
2 Zwiebeln*

Den Kalbsfuß mit Kräutern und Pfeffer in einem Topf mit Wasser bedecken und zum Kochen bringen. Die Hitze reduzieren und zwei Stunden köcheln. Die Kutteln in einem zweiten Topf mit Wasser bedecken und aufkochen. Die Hitze reduzieren und eine Stunde köcheln.
Währenddessen das Gemüse vorbereiten und in bissgerechte Stücke schneiden.
Den Kalbsfuß abgießen, die Kräuter entsorgen und die Brühe aufbewahren. Das Fleisch vom Knochen lösen und klein schneiden. Die Kutteln abgießen und ebenfalls klein schneiden.
Kutteln, Kalbfleisch und Gemüse mit der Brühe in einen Topf geben und etwa 30 Minuten köcheln, bis alles gar ist. Mit Salz und reichlich Pfeffer abschmecken.

Jambalaya
Reistopf (Cajun-Creole)

Dieses Gericht aus dem einst spanischen New Orleans ist mit der Paella verwandet. Nicht einig ist man sich, woher der Name stammt. Experten halten die Deutung, dass »Jamb« vom französischen »Jambon« oder spanischen »Jamon« komme, für nicht wahrscheinlich, da Schinken zwar in vielen Rezepten vorkommt, aber praktisch nie Hauptzutat ist.

Fleisch und Wurst klein schneiden. Zwiebeln und Knoblauch hacken. Die Paprika halbieren, entkernen, waschen und fein würfeln. Den Sellerie in Halbmonde schneiden. Die Tomaten zerkleinern, den Saft auffangen. Frühlingszwiebeln in Ringe schneiden, die Petersilie klein hacken. Den Speck auslassen, Zwiebeln, Knoblauch, Paprika und Sellerie 5 Minuten anbraten. Fleisch und Wurst zugeben, rühren und braten, bis das Fleisch angebräunt ist. Den Reis hinzufügen und ebenfalls anbraten, bis er Farbe annimmt. Die Tomaten samt Saft zugeben und rühren. Die heiße Brühe angießen, mit Salz und Cayennepfeffer würzen und köcheln, bis die Flüssigkeit restlos aufgesogen ist. Mit Frühlingszwiebeln und Petersilie bestreut servieren. Dazu schmeckt Möhrensalat (Seite 113).

für 6 Personen

500 g Schweinefleisch
750 g Chorizo, türkische Sucuk oder eine andere würzige Wurst
2 Zwiebeln
4 Knoblauchzehen
1 grüne Paprikaschote
3 Stangen Sellerie
1 Dose Tomaten (400 ml)
Frühlingszwiebeln
Petersilie
fetter Speck
400-500 g Reis
1 l Brühe
Cayennepfeffer

Shrimp, Chicken and Okra Gumbo
Eintopf aus Garnelen, Huhn und Okraschoten (Cajun-Creole)

»Gumbo« ist ein afrikanisches Wort für Okraschoten. Okrasamen wurden von Sklaven aus ihrer Heimat mitgebracht, angeblich im Haar von Frauen.

mindestens 3 Stunden
vorher beginnen
für 8-10 Personen

1 Huhn
1 Zitrone (Saft)
3 Lorbeerblätter
3 Thymianzweige
Cayennepfeffer nach
Geschmack
10 Pimentkörner
1 Prise geriebene Muskatnuss
8 Gewürznelken
2 Zwiebeln
5 Knoblauchzehen
2 grüne Paprikaschoten
4 Stangen Sellerie
4 Merguez (deftige französische Lammwurst)
300 g Okraschoten
Petersilie
Roux (Seite 179)
750 g Garnelen
500 g Langkornreis

Das Huhn mit Wasser und Gewürzen in einen großen Topf geben, zum Kochen bringen und etwa zwei Stunden köcheln. Abgießen, die Brühe aufbewahren und das Huhn auskühlen lassen. Das Fleisch von den Knochen lösen, in bissgroße Stücke schneiden und auf einem Teller zur Seite stellen.
Zwiebeln und Knoblauch hacken. Die Paprika halbieren, entkernen, waschen und würfeln. Den Sellerie in Halbmonde schneiden. Die Wurst in Stücke schneiden. Die Okras klein schneiden. Die Petersilie hacken.
In einem Topf die Roux erhitzen, Zwiebeln, Paprika und Sellerie anschwitzen. Langsam die Brühe angießen und alles zum Kochen bringen. Knoblauch und Wurst hinzufügen, mit Salz, Pfeffer und Cayennepfeffer abschmecken. 15 Minuten köcheln, dann Okras, Garnelen sowie das Hühnerfleisch hineingeben, weitere 20 Minuten köcheln.
Währenddessen den Reis kochen.
Das Gericht auf gekochtem Reis und mit Petersilie bestreut servieren.

Variante
Wenn Sie keine Roux zubereiten möchten oder sie Ihnen misslungen ist und Sie keine Geduld für einen weiteren Versuch haben, nehmen Sie stattdessen 50 g Butterschmalz oder 50 ml Bratöl – dann geht Ihnen aber etwas von dem typischen Geschmack verloren.

Roux
Mehlschwitze

Eine echte Roux wird mit Schmalz zubereitet, aber da das für den modernen Geschmack meist zu heftig ist, kann stattdessen Öl verwendet werden.

Eine Roux zuzubereiten ist nicht so einfach. Besonders wichtig ist die Temperaturkontrolle: Die Roux darf auf keinen Fall zu schnell zu dunkel werden, denn dann schmeckt sie bitter. Sie sollte eine tiefbraune Farbe annehmen, nussig schmecken und riechen.
In einem schweren Topf Öl erhitzen. Wenn es heiß ist, das Mehl auf einen Schlag zugeben und anfangen zu rühren, am besten mit einem Schneebesen oder einem Holzlöffel. Mindestens 20 Minuten ständig rühren – sollten Sie eine Pause machen müssen oder unterbrochen werden, nehmen Sie den Topf vom Herd.

1/4 l Öl
150 g Mehl

Char Siu Pork
Chinesisches Barbecue

Das Fleisch in einen Topf mit Wasser geben und eine Stunde kochen.
Für die Marinade alle Zutaten miteinander vermischen. Den Braten darin wenden und im Kühlschrank über Nacht marinieren.
Am nächsten Tag im Ofen bei 140° C etwa anderthalb Stunden backen, dabei immer wieder mit der Sauce bestreichen.

am Vortag beginnen

1 kg Schweinebraten (etwa aus der Schulter)

für die Marinade:
125 ml Sojasauce
150 ml flüssiger Honig
50 ml Sherry
2 EL Hoisin-Sauce (Asiashop)
2 TL chinesische Fünf-Gewürze-Mischung
1 TL Salz

Noodle Casserole
**Nudelauflauf mit Hackfleisch-Tomaten-Sauce und Frischkäsecreme
(All American)**

für 4 Personen

*1 Packung möglichst
dünne Eiernudeln
Käse zum Überbacken*

*für die Sauce:
1 Zwiebel
1 Dose Tomaten (400 ml)
Olivenöl zum Braten
750 g Hackfleisch
2 Knoblauchzehen
1 TL italienische Kräuter
(Oregano, Thymian,
Basilikum)
150 ml Passata
(pürierte Tomaten)
Tomatenmark*

*für die Frischkäsecreme:
1 kleine Zwiebel
1 Packung Doppelrahm-
frischkäse
1 Becher Sahne*

Für die Sauce die Zwiebel klein schneiden. Die Tomaten zerkleinern, den Saft auffangen. In einer großen Pfanne Öl erhitzen und die Zwiebel bei schwacher Hitze glasig dünsten. Das Hackfleisch zugeben und braten, bis es Farbe annimmt. Zerdrückten Knoblauch zugeben und Kräuter darüberstreuen. Passata, die Tomaten samt Saft und das Tomatenmark in die Pfanne geben. Umrühren und bei schwacher Hitze 15 Minuten köcheln, dabei immer wieder umrühren. Wenn nötig, etwas Wasser zugießen. Für die Frischkäsecreme die Zwiebel vierteln. Mit Frischkäse und Sahne in einem Standmixer kurz durchwirbeln. Mit Salz und Pfeffer abschmecken.
Die Nudeln laut Packungsanweisung kochen, abgießen und abtropfen lassen. Den Backofen auf 170° C vorheizen.
In eine Auflaufform lagenweise Nudeln, Käsecreme und Sauce geben, bis alle Zutaten verwendet worden sind. Mit einer Lage Nudeln abschließen. Den Auflauf mit geriebenem Käse bestreuen und im Ofen bei 170° C bis zu 25 Minuten backen.

Spaghetti and Meatballs
Hackbällchen in Tomatensauce
mit Nudeln (Italienisch)

»The Big Night« ist ein wunderbarer Film über die amerikanisch-italienische Küche. Zwei Brüder aus Italien betreiben in New Jersey in den 1950er Jahren ein »richtiges« italienisches Restaurant und kochen fantastisch. Sie scheitern jedoch an den Essgewohnheiten der Amerikaner, die zum Beispiel »Spaghetti and Meatballs« bestellen, was natürlich nicht auf der Karte steht: Italiener essen ihre Polpette nicht zu Pasta beziehungsweise ihr Protein nicht zu Stärke.

Die Brötchen in eine Schüssel krümeln. Fleisch, Ei, getrocknete Kräuter und Salz zugeben, alles kräftig durchkneten. Zwischen den Handflächen golfballgroße Bällchen rollen und auf einen Teller legen.
Die Passata in eine große Pfanne gießen und die Bällchen hineingeben – sie müssen nebeneinander Platz haben. Die Zwiebel hacken und mit den Kräutern hineingeben, die Sauce vorsichtig erhitzen. Etwa 30 Minuten köcheln, bis die Bällchen gar sind.
Währenddessen die Nudeln laut Packungsanweisung kochen, abgießen und abtropfen lassen. Mit der Sauce und den Bällchen servieren.

für 4 Personen

1-2 Brötchen oder 3 Scheiben
Toastbrot
300 g Hackfleisch
1 Ei
1 TL getrocknete italienische
Kräuter (Oregano,
Basilikum, Thymian)
700 ml Passata
(pürierte Tomaten)
1 kleine Zwiebel
1 TL italienische Kräuter
1 Packung Spaghetti

Macaroni and Cheese
Nudeln mit Käsesauce (All American)

für 4 Personen

1 Packung Makkaroni
2 EL Butter
2 EL Mehl
300 ml Milch
120 g Käse mit guten
  Schmelzeigenschaften
  (junger Gouda, Cheddar,
  Emmentaler)
Muskatnuss

Die Nudeln al dente kochen, abgießen und abtropfen lassen. Währenddessen in einem kleinen Topf die Butter zerlassen. Das Mehl mit dem Schneebesen einrühren, bis eine homogene Paste entsteht. Langsam die Milch angießen und das Ganze ein paar Minuten blubbern lassen, dabei ständig rühren, da die Sauce leicht am Topfboden ansetzt. Dann den Käse in den Topf reiben – er sollte sofort schmelzen und sich mit der Sauce verbinden.
Den Topf vom Herd nehmen, mit Salz, Pfeffer und geriebenem Muskat abschmecken. Die Sauce über die Nudeln gießen, gut mischen und sofort servieren.

Variante
Die Nudeln in eine Auflaufform schichten, die Sauce darübergeben, zusätzlich Käse reiben und auf den Nudeln verteilen. Kurz unter den Grill stellen, bis sich eine schöne Kruste bildet.

◆

Vegetables
Gemüse

◆

Chilies rellenos
Gefüllte Paprika (Südwesten)

Da die US-amerikanischen Chili- und Paprikasorten hier meist nicht erhältlich sind, empfehle ich für dieses Gericht die länglichen türkischen Paprika. Im Großen und Ganzen sind sie mild, doch ist immer wieder mal eine scharfe darunter, auch wenn man es ihr äußerlich nicht ansieht. Wenn Kinder mitessen, die Paprika der Kinder vorher probieren!

für 6 Personen als Beilage

12 türkische Paprikaschoten
100 g junger Gouda
100 g Feta
1 Schalotte
1 Knoblauchzehe

Den Backofengrill vorheizen. Die Paprika waschen, trocken tupfen, der Länge nach aufschlitzen und entkernen. Beide Käsesorten fein reiben und mit der fein geriebenen Schalotte und dem zerdrückten Knoblauch vermischen. Pfeffern – der Käse ist wahrscheinlich salzig genug. Die Paprika füllen, in eine eingefettete Auflaufform legen und etwa 6 Minuten grillen. Dabei wenden und darauf achten, dass die Paprika möglichst nicht so liegen, dass sie auslaufen können.

Maquechoux
Maisgemüse (Cajun)

Maquechoux ist ein traditionelles Cajun-Gericht aus dem Süden Louisianas, mit französischen und indianischen Einflüssen.

Den Mais vom Kolben schaben. Die Zwiebel fein hacken. Die Paprika halbieren, entkernen, waschen und fein würfeln. Die Petersilie hacken. Das Fett erhitzen und die Zwiebel glasig dünsten. Die Paprika zugeben und 3 Minuten braten. Den Mais hinzufügen, Sahne oder Milch angießen und salzen. Etwa 15 Minuten köcheln, bis alles cremig ist. Mit Salz, Pfeffer und Cayennepfeffer abschmecken, eventuell mit Zitronensaft und einer Prise Zucker abrunden. Mit der Petersilie bestreut servieren.

für 4-6 Personen als Beilage

6 Maiskolben
1 große Zwiebel
1 rote Paprikaschote
Petersilie
Fett von ausgelassenem Speck
*   oder Butter*
75 ml Sahne oder Milch
Cayennepfeffer
1 TL Zitronensaft
1 Prise Zucker

Vegetable Tamales
Maishüllenpäckchen (Südwesten)

Tamales sind kleine Päckchen, die in Maishüllen eingeschlagen sind. Wem keine getrockneten Hüllen zur Verfügung stehen, kann Tamales nur im Spätsommer/Frühherbst zubereiten. Sammeln Sie also die Maishüllen, entfernen Sie die seidigen Fäden und trocknen Sie die Hüllen – zum Beispiel, wie man Blumen presst.
Als Füllung kann man gut Reste verwenden, etwa von Braten oder Gemüseauflauf.

für 4 Personen

8 Maishüllen
150 g Masa harina
  (Maismehl für Tortillas)
1/2 TL Backpulver
65 ml Pflanzenöl oder
  Schmalz
1/4 l Brühe

für die Füllung:
1 Schalotte
2 rote Paprikaschoten
Öl
1 getrocknete Chilischote
75 g Cheddar

Wenn die Maishüllen getrocknet waren, müssen sie in heißem Wasser eingeweicht werden – mindestens eine Stunde. Dann aus dem Wasser nehmen und etwas trocken tupfen. Um die Maishüllen mit einem Bändchen zum Päckchen schnüren zu können, sollte eine Hülle mit der Schere in feine Bänder geschnitten werden.
Das Maismehl mit Backpulver vermischen, das Fett mit den Fingerspitzen einarbeiten. Langsam die lauwarme Brühe angießen und einrühren – der Teig sollte relativ fest werden und darf auf keinen Fall auseinanderlaufen.
Für die Füllung die Schalotte fein hacken, die Paprika halbieren, entkernen, waschen und würfeln.
Öl erhitzen und die Schalotte glasig dünsten. Die Paprika zugeben, mit der zerstoßenen Chilischote, Salz und Pfeffer würzen, weich dünsten. In eine Schüssel geben, abkühlen lassen und mit dem geriebenen Käse vermischen.
Eine Maishülle mit der glatten Seite nach oben auf eine Arbeitsfläche legen. Sind die Hüllen sehr klein, zwei nehmen, die sich überlappend zusammengelegt werden. Den Teig in der Mitte verstreichen, die Ränder frei lassen und die Füllung in die Mitte häufen. Die Teigtaschen so verschließen, dass zunächst die Längsseiten über die Füllung gefaltet werden, darauf achten,

dass die Füllung ganz vom Teig eingehüllt wird. Dann die Querseiten darüberfalten und die Päckchen verschnüren. Mit den übrigen Hüllen auf gleiche Weise verfahren. 30 bis 40 Minuten dämpfen.
Eingepackt servieren.

Wild Rice and Mushrooms
Wildreis mit Pilzen (Nordwesten)

Bei Wildreis handelt es sich um ein Gras, das in seichten Seen und Flussläufen im Nordwesten der USA wächst. Seit Jahrhunderten dient es den Indianern dort als Grundnahrungsmittel, das sie mit Mais und Bohnen verzehren. Geerntet wurde der Reis im Kanu, meist stand ein Mann am Heck und navigierte das Boot durch die flachen Gewässer, während eine Frau am Bug die reifen Halme ergriff und mit einem Stock schlug, bis die Körner ins Boot rieselten.
In Deutschland findet man Wildreis in Naturkostläden. Im normalen Supermarkt gibt es oft vorgewürzte Mischungen von Wild- und Langkornreis.

Die Schalotten fein hacken.
In einem Topf 30 g Butter zerlassen und die Schalotten glasig dünsten. Den Wildreis zugeben und mit anbraten. Die Brühe angießen, salzen und zum Kochen bringen. Die Hitze reduzieren und den Reis zugedeckt etwa 45 Minuten ziehen lassen.
Währenddessen die Pilze gründlich putzen und klein schneiden. Die restliche Butter zerlassen und die Pilze anbraten, mit Salz und Pfeffer abschmecken. 5 Minuten dünsten, dann unter den Reis mischen.

für 4 Personen

2 Schalotten
50 g Butter
200 g Wildreis
1 l Gemüse- oder
Hühnerbrühe
300 g Waldpilze

Sweet Potato Purree Thanksgiving
Süßkartoffel-Püree

*Das Püree ist ein wichtiger Bestandteil beim
Thanksgiving-Dinner. Kaufen Sie am besten Kartoffeln mit rötlicher Schale und orangefarbenem
Fleisch, die saftiger sind als die gelbfleischigen.*

für 6 Personen als Beilage

*1 kg Süßkartoffeln
3 EL Butter
1-2 EL Ahornsirup oder
   Rohrzucker
1/2 Zitrone (abgeriebene
   Schale und Saft)
Portwein oder ein anderer
   süßer Wein nach
   Geschmack
eventuell Milch
1/2 Orange (Schale)
Butterflöckchen
einige halbe Walnusskerne
nach Geschmack*

Die Süßkartoffeln in der Schale weich kochen.
Wenn sie gar sind, schälen und pürieren. Butter,
Ahornsirup und eine Prise Salz unterrühren. Zitronensaft und einen Schuss Portwein zugießen.
Wem das Püree zu dick erscheint, kann etwas
Milch unterrühren.
In eine Auflaufform füllen, mit geriebener Zitronen- und Orangenschale besprenkeln, Butterflöckchen daraufsetzen und mit Walnüssen
dekorieren. Im Ofen 15 Minuten backen.

Sweet Potato Fritters
Süßkartoffel-Küchlein (Südstaaten)

*Es herrscht Verwirrung bezüglich der Begriffe
»sweet potato« (Süßkartoffel) und »yam« (Jams-
wurzel), die sich ähneln und beide leicht süßlich
schmecken. Die in den USA verbreiteten Süßkartoffeln werden daher oft fälschlicherweise als
»yam« bezeichnet. Es handelt sich jedoch um
unterschiedliche Pflanzen, die nicht einmal miteinander verwandt sind.*

Alle Zutaten außer dem Eiweiß und dem Mehl
gut miteinander vermischen. Dann das Mehl
darübersieben und einarbeiten. Das Eiweiß steif
schlagen und unterheben.
In einer Pfanne etwa 1 cm Öl erhitzen und den
Teig esslöffelweise hineingeben. Wenden, sobald die Unterseite gebräunt ist, und die andere
Seite bräunen. Auf Küchenpapier abtropfen lassen und mit Puderzucker bestäuben.

für 4 Personen

1/2 l pürierte Süßkartoffeln
1 TL Backpulver
1/2 TL Salz
2 EL zerlassene Butter
1/4 l Milch
1 EL Zucker
2 Eier (getrennt)
100 g Mehl
Öl zum Frittieren
Puderzucker zum Bestäuben

Creamed Corn
Sahniger Mais (All American)

für 4 Personen

4 Maiskolben
1 kleine Zwiebel
Butter
30 g Speck
Milch oder Sahne
75-100 g Frischkäse

Den Mais in einen Topf geben und in Wasser kochen, bis er fast gar ist – frischer Mais braucht 2, ältere Exemplare benötigen 10 Minuten und mehr. Dann den Mais vom Kolben schneiden: Dazu die Kolben senkrecht auf einen Teller stellen und die Körner mit einem scharfen Messer von oben nach unten abrasieren. Die Zwiebel sehr fein hacken. In einer tiefen Pfanne Butter zerlassen, Zwiebel und Speck braten, bis die Zwiebel glasig ist. Den Mais ebenfalls in die Pfanne geben. Etwas Milch zugießen, sodass der Pfannenboden knapp bedeckt ist. Bei schwacher Hitze 3 Minuten köcheln, dabei umrühren, damit die Masse nicht ansetzt, bis die Milch fast verdunstet ist. Den Frischkäse einrühren und, wenn er sich verteilt hat, gleich servieren.

Corn Fitters
Maisküchlein (Südstaaten)

für 4-6 Personen

2 Eier
Creamed Corn (Seite 190)
3-4 EL Mehl
Öl zum Braten

Die Eier trennen. Den Mais mit Mehl und Eigelben vermischen, das Eiweiß steif schlagen und unterheben, mit Salz und Pfeffer abschmecken. Das Öl erhitzen, den Teig teelöffelweise hineingeben und jede Seite etwa 2 Minuten bräunen.

Succotash
Mais-Bohnen-Gemüse (Neuengland)

*Der Name ist indianischen Ursprungs und bezieht
sich auf die Zutaten eines Eintopfs beziehungsweise in Narraganset – im Gebiet des heutigen
Rhode Island – auf Maiskolben. Das Gericht ist
seit dem 18. Jahrhundert bekannt.*

Maiskolben und Bohnen jeweils kochen, bis sie
gar sind. Dann den Mais vom Kolben schneiden. Den Speck klein schneiden.
Butter zerlassen und den Speck anbraten, das
Gemüse einrühren, die Milch zugießen. Aufkochen und etwas einkochen lassen. Mit Salz und
Pfeffer abschmecken.

für 4 Personen als Beilage

2 Maiskolben
250 g Limabohnen
50 g Speck
Butter
100 ml Milch

Onion Rings
Frittierte Zwiebelringe (All American)

*Hamburger, Fries, Cole Slaw and Onion Rings –
eine uramerikanische Mahlzeit.*

Die Zwiebeln in dicke Ringe schneiden und in
Buttermilch mindestens 30 Minuten einweichen.
Das Mehl mit Paprika, Muskat, Salz und Pfeffer
würzen und auf einem tiefen Teller bereitstellen.
In einem Topf Öl erhitzen und die im Mehl ge-
wendeten Zwiebelringe braten, bis sie braun,
aber auf keinen Fall schwarz sind! Auf Küchenpapier abtropfen lassen.

500 g große, milde Zwiebeln
Buttermilch
300 g Mehl
1/2 TL Paprikapulver
1/2 TL geriebene Muskatnuss
Öl zum Frittieren

Calabacitas
Zucchinigemüse (Arizona)

Calabacitas sind Squash – in diesem Fall Zucchini. Squash ist ein Sammelbegriff und bezeichnet Kürbisgewächse. Summer Squash wären zum Beispiel Zucchini, Winter Squash etwa ein Butternut sowie alle Kürbissorten mit dickerer Schale, die geschält werden müssen. Pumpkin ist die spezielle orangefarbene Sorte, in die auch zu Halloween Gesichter geschnitzt werden.

für 4 Personen

1 Zwiebel
milde grüne Chili- oder
grüne Paprikaschoten
2 Zucchini
frischer Koriander und
Minze
Öl zum Braten
250 g gekochter Mais
1 Prise gemahlener
Kreuzkümmel
1 Prise gemahlener Zimt

Die Zwiebel würfeln. Chilis oder Paprika halbieren, entkernen, waschen und in Streifen schneiden. Die Zucchini in Scheiben schneiden. Die Kräuter hacken.
Öl erhitzen und die Zwiebel glasig dünsten. Zucchini, Mais und Chilis oder Paprika zugeben, würzen und unter gelegentlichem Rühren etwa 10 Minuten gar dünsten. Abschmecken und mit Kräutern bestreuen.

Harvard Beets & Yale Beets
Studentische Rote Beten
(Massachusetts und Connecticut)

Warum es zwei Rote-Beten-Gerichte gibt, die nach Elite-Universitäten der Ivy League (die acht ältesten Universitäten des Nordostens) benannt sind, lässt sich nicht ergründen. Da amerikanische Universitäten nach dem Internatsprinzip funktionieren und Studenten vor Ort verköstigt werden, darf man wohl annehmen, dass Rote Beten in der gemäßigten Klimazone Neuenglands ein preiswertes Gericht für die Massenverköstigung waren.

für 4-6 Personen

Harvard-Variante

Die Knollen oben und unten beschneiden und gründlich waschen, in einem Topf mit Wasser bedecken, zum Kochen bringen und weich kochen. Abgießen, etwa 150 ml Kochflüssigkeit aufbewahren.
Die Kochflüssigkeit mit Essig, Zucker, etwas Salz und Stärke verrühren und langsam erwärmen, bis der Zucker sich auflöst und die Sauce dicker wird.
Die Knollen schälen und in Scheiben schneiden.
Butter in die Sauce rühren, die Roten Beten zugeben und erhitzen.

12 junge, kleine Rote Beten
75 ml Rotweinessig oder
Balsamico
50-75 g Zucker
1 EL Maisstärke
2-3 EL Butter

Den Backofen auf 180° C vorheizen.
Die Knollen schälen und in Scheiben schneiden. Eine Auflaufform ausbuttern und mit den Roten Beten auslegen. Orangen- und Zitronensaft mit Zucker und etwas Salz vermischen, bis der Zucker sich aufgelöst hat. Über das Gemüse gießen, Butterflöckchen daraufsetzen, mit Aluminiumfolie abdecken und im Ofen etwa 90 Minuten garen.
Die Zesten der Früchte (ohne das Weiße) in sehr feine Streifen schneiden. 5 Minuten in kochendem Wasser blanchieren, abgießen.
Wenn die Roten Beten gar sind, mit den Zesten besprenkeln.

Yale-Variante

12 junge, kleine Rote Beten
Butter
1 Orange (Zesten und Saft)
1 Zitrone (Zesten und Saft)
50 g Rohrzucker

Fried Green Tomatoes
Frittierte grüne Tomaten (Südstaaten)

für 4 Personen

6 mittlere oder 3 große
grüne Tomaten
Mehl
Cayennepfeffer
1 Ei
Milch
Maisgrieß
Öl zum Frittieren

Die Tomaten in dicke Scheiben schneiden. Das Mehl mit Salz, Pfeffer und Cayennepfeffer würzen und auf einem Teller bereitstellen. Das Ei in einem zweiten Teller mit einem Schuss Milch verschlagen. Maisgrieß auf einen dritten Teller geben. In einer schweren, tiefen Pfanne etwa 1 cm Öl erhitzen. Die Tomatenscheiben im Mehl, dann im Ei und zuletzt im Maisgrieß wenden. Ins heiße Fett geben und jede Seite 2 bis 3 Minuten frittieren, bis sie schön knusprig sind.

Corn on the Cob
Maiskolben (Neuengland)

In Neuengland, im Nordosten der Vereinigten Staaten, isst man Maiskolben mit Butter und Zitrone (und Salz, aber das ist dort bereits in der Butter). Gebuttert wird der Kolben, indem man ihn auf ein Stück Butter legt und mit leichtem Druck ein- bis zweimal um die eigene Achse dreht. Serviert wird er mit einem Schnitzer Zitrone, den man über den Kolben reibt.

pro Person 1 Maiskolben

erntefrische Maiskolben
Butter
Zitrone

Ist der Maiskolben sehr frisch, braucht er höchstens 3 Minuten, um gar zu werden. Ältere Exemplare benötigen mitunter 10 Minuten Garzeit.

Tipp
In Neuengland sagt man, dass man in den Garten schlendern darf, um Mais zu ernten, dann aber in die Küche zurückeilen muss, denn mit jeder Minute verliert der Kolben an Frische. Mais sollte nach der Ernte nicht lange herumliegen, da sich der darin enthaltene Zucker nach dem Ernten in Stärke verwandelt und der Mais dadurch an Saftigkeit verliert.

◆

Condiments, Side Dishes
Beilagen

◆

Salsa del Norte
Salsa aus gegrillten Tomaten (Arizona)

für 4-6 Personen

750 g mittelgroße aroma-
tische Tomaten
1 milde Chilischote
1/2 geriebene Zwiebel
frischer Koriander nach
Geschmack
1 Knoblauchzehe
1-2 EL Apfelessig
Salz und Pfeffer

Den Grill vorheizen. Die Tomaten darunterlegen und etwa 15 Minuten grillen, dabei mehrmals wenden. Abkühlen lassen, häuten und mit den anderen Zutaten in einer Küchenmaschine oder mit einem Pürierstab pürieren.

Pico de Gallo
Tomatensalsa (Texas)

für 4-6 Personen

6 reife, feste Tomaten
Chilischoten nach Geschmack
1 kleine Zwiebel
2 Frühlingszwiebeln
Limettensaft
frischer Koriander

Die Tomaten häuten, halbieren, entkernen und würfeln. Die Chilis halbieren, entkernen, waschen und fein würfeln. Die Zwiebel reiben, die Frühlingszwiebeln fein würfeln. Den Koriander hacken.
Tomaten, Chilis und Zwiebeln miteinander vermischen, mit Salz, Pfeffer und Limettensaft abschmecken. Den Koriander untermischen.

Pineapple Salsa
Ananas-Salsa (Hawaii)

Die Ananas stammt aus Südamerika und kam erst im 18. Jahrhundert nach Hawaii. Von hier trat sie, dank James Dole, der Anfang des 20. Jahrhunderts die Hawaiian Pineapple Company gründete, ihren weltweiten Siegeszug in der Dose an. Bis in die 1960er Jahre deckte Hawaii drei Viertel des Welt-Ananas-Bedarfs, dann wurden die Plantagen in billigere Länder wie die Philippinen verlegt, sodass heute nur noch zehn Prozent der Früchte aus Hawaii kommen.

für 4 Personen

200 g geschälte frische
*   Ananas*
1 Pfirsich
2 Frühlingszwiebeln
je 1/2 grüne und rote
*   Paprikaschote*
1 Chilischote
1/2 Bund frischer Koriander
1 Limette (Saft)

Ananas und Pfirsich in kleine Würfel schneiden. Die Frühlingszwiebeln fein würfeln. Paprika und Chili entkernen, waschen und ebenfalls fein würfeln. Den Koriander fein hacken. Alle Zutaten miteinander vermengen.
Passt gut zu Geflügel oder Meeresfrüchten.

Papaya or Peach Salsa
Papaya- oder Pfirsich-Salsa (Kalifornien)

Die Salsas in den USA haben ihre Wurzeln in der spanischsprachigen Küche. Die Würzsauce auf Tomaten- und/oder Zwiebel- und/oder Chilibasis enthält niemals Molkereiprodukte. Seit Anfang der 1990er Jahre wird in den USA übrigens mehr Salsa als Ketchup verkauft.

für 4 Personen

2 reife, feste Papayas
*   oder 3 Pfirsiche*
1 rote Zwiebel
1 rote oder gelbe
*   Paprikaschote*
1 Chilischote
1 Bund frischer Koriander
Olivenöl
1-2 Limetten (Saft)
frisch gemahlener schwarzer
*   Pfeffer und Salz nach*
*   Geschmack*

Die Papayas oder Pfirsiche und die Zwiebel fein würfeln. Paprika und Chili halbieren und entkernen, waschen und ebenfalls fein würfeln. Den Koriander hacken.
Alle Zutaten miteinander vermischen. 15 Minuten ziehen lassen, nochmals mit Salz, Pfeffer, Öl und Limettensaft abschmecken. Bis zum Servieren kühl stellen.

Dill Pickles
Dillgurken

750 ml Weißweinessig	Den Essig mit der gleichen Menge Wasser und
1-1 1/2 kg Landgurken	80 g Salz aufkochen. Vom Herd nehmen.
pro Glas 2 EL Dillsamen	Die Gurken längs halbieren und in sterilisierte
pro Glas 1/2 TL Pfefferkörner	Gläser füllen – die Zahl der Gläser hängt von

Größe und Form der Gurken ab. Gewürze zugeben und alles mit der heißen Brühe bedecken. Zuschrauben und im Wasserbad 15 Minuten einkochen. Mit einer Zange aus dem Wasserbad heben und abkühlen lassen.

Sweet Pickle Relish
Süßes Gurkenrelish (All American)

für 10 Gläser à 400 ml

4 Salatgurken oder
  2 1/2 kg Gartengurken
4 Zwiebeln
je 1 grüne und rote
  Paprikaschote
700 g Zucker
500 ml Apfelessig
1 EL Selleriesamen
1 EL Senfkörner

Die Gurken schälen, entkernen und klein hacken. Die Zwiebeln würfeln, die Paprika entkernen, waschen und ebenfalls würfeln. Alles in einer Glas- oder Porzellanschüssel mit 70 g Salz bestreuen, mit Wasser bedecken und zwei Stunden ziehen lassen.
Den Gemüsesud abgießen, dabei so viel Flüssigkeit wie möglich auspressen. Den Zucker mit Essig und Gewürzen vermischen und aufkochen. Das Gemüse zugeben und etwa 10 Minuten köcheln. Auf sterilisierte Gläser verteilen, oben mindestens 1 cm Platz lassen. Zuschrauben und im Wasserbad 10 Minuten einkochen.

Hot Pickled Okra
Scharf eingelegte Okraschoten
(Südstaaten)

*Okraschoten werden gerne in einer Tomatensauce
gegessen. Auch kann man sie, in 2 cm lange Stücke
geschnitten, wie Fried Green Tomatoes (Seite 194)
zubereiten.*

Essig mit 1/4 l Wasser, Salz und Dill zum Kochen bringen. Die Okras von den Stängeln befreien. Die Chilis halbieren.
Die Okras mit Knoblauch und Chilis in Gläser
füllen, aber nicht bis zum Rand. Kochende Flüssigkeit über die Schoten gießen, bis sie ganz bedeckt sind. Die Gläser fest zuschrauben und die
Okras sechs Wochen ziehen lassen.

für 4-6 Personen

750 ml Weißweinessig
150 g Salz
2 TL Dillsamen
750 g Okraschoten
mindestens 2 Chilischoten
4 Knoblauchzehen

Pickled Watermelon Rind
Eingelegte Wassermelonenschale
(Südstaaten)

Wassermelonen sind nach einigen Kontroversen 2007 in Oklahoma zum offiziellen Staatsgemüse erklärt worden. In Arkansas findet ein Wassermelonenfestival mit entsprechendem Wettessen statt. Die größten Produzenten befinden sich jedoch in Florida, Kalifornien und Georgia. Traditionell wird die Wassermelonenschale erst in Kalziumhydroxid eingelegt – dies Rezept kommt mit grobem Salz aus.

für 10-12 Personen

*1 kg Wassermelonenschale
grobes Salz
350 g Zucker
125 ml Weißwein- oder
Apfelessig
1 TL Gewürzmischung
(gemahlener Zimt,
Gewürznelkenpulver,
Muskatblüte, ge-
mahlener Piment,
schwarzer Pfeffer)
2 cm Ingwerwurzel, in feine
Scheiben geschnitten*

Das rote Fruchtfleisch von den Schalen schaben und die äußere, dunkle Haut entfernen. Die übrig gebliebene hellgrüne Schale klein schneiden. Mit grobem Salz einreiben, in ein Gefäß legen und im Kühlschrank 24 Stunden marinieren, dabei gelegentlich wenden. Am nächsten Tag das Wasser abgießen und die Melonenschale abwaschen. In einem Topf mit Wasser bedecken und zum Kochen bringen. 15 Minuten köcheln, bis die Schale weich wird, aber noch Biss hat. Abgießen und in eine Schüssel geben. In einem kleinen Topf den Zucker mit Essig und Gewürzen aufkochen und rühren, bis er sich aufgelöst hat. Die Melonenschale mit dem Sirup begießen und sechs Tage im Kühlschrank marinieren.

Corn Bread Stuffing
Füllung für eine große Pute
(Südstaaten)

Die beiden Brote in einer Schüssel zerkrümeln. Zwiebeln und Sellerie in Würfel schneiden. Den Salbei hacken. In einer Pfanne Butter zerlassen, Zwiebeln und Sellerie anbraten, bis die Zwiebeln glasig sind. Zum Brot geben, Eier, Salbei und Thymian daruntermischen. Mit Brühe befeuchten, bis die Füllung gut durchgeweicht ist, aber noch zusammenhält.

1 Corn Bread (Seite 84)
1 Kastenweißbrot (500 g)
2 große Zwiebeln
1 Stange Sellerie
1 Bund Salbei
Butter
5 Eier
1 TL Thymian
Hühnerbrühe

BBQ Sauce
Barbecuesauce (All American)

Jeder hat sein eigenes Rezept für BBQ-Sauce oder schwört auf eine bestimmte Marke.

Die Zwiebeln klein würfeln. In einem Topf Öl erhitzen und die Zwiebeln anbraten. Alle anderen Zutaten zugeben und zwei bis drei Stunden zugedeckt köcheln, dabei immer wieder umrühren – die Sauce sollte merklich dicker werden. Zuletzt die Lorbeerblätter herausfischen.

Das Fleisch kann man in der Sauce marinieren und/oder während des Grillens mit ihr bestreichen.

mindestens 3 Stunden
vorher beginnen
für 8 Personen

2 große Zwiebeln
Öl oder Fett von ausgelassenem Speck
1/2 l Passata
(pürierte Tomaten)
1 EL Tomatenmark
2 WL Worcestershire-Sauce
2 EL Rohrzucker
2 Lorbeerblätter
3 Knoblauchzehen
2 EL Olivenöl
2 EL mildes Sonnenblumenöl
50 ml Rotweinessig
1/2 TL Kräutersalz
1/4 TL gemahlener Zimt
1/2 TL gemahlener Kreuzkümmel
1 TL Oregano

Pepper Jelly
Chiligelee (Arizona)

Passt hervorragend zu Steaks.

1 Apfel
1 grüne Paprikaschote
4-8 Chilischoten
1200 g Zucker
375 ml Apfelessig
Pektin für 1/2 l Flüssigkeit
(Gelierhilfe 1:1)

Den Apfel schälen, entkernen und grob würfeln. Die Paprika halbieren, entkernen, waschen und ebenfalls grob würfeln. Die Chilis längs aufschlitzen. Alle Zutaten außer dem Pektin in einen Topf geben, zum Kochen bringen und etwa 15 Minuten kochen, bis die Zutaten weich sind. Durch ein Sieb geben und das Gemüse ausdrücken. Den Saft zurück in den Topf geben, noch einmal aufkochen, das Pektin hinzufügen und 1 Minute kochen. In sterilisierte Gläser füllen und verschließen. Das Gelieren kann bis zu drei Tage dauern.

Variante
Wenn Sie das Gelee mit »Einlage« möchten, würfeln Sie Paprika oder Chili sehr fein und geben Sie sie dazu, bevor Sie das Gelee in die Gläser füllen.

Cranberry Maple Sauce
Moosbeeren-Ahorn-Sauce (Neuengland)

für 8 Personen

100 ml Ahornsirup
150 g Rohrzucker
250 g frische Cranberries
1 Orange (abgeriebene Schale)

In einem kleinen Topf Sirup und Zucker mit 125 ml Wasser unter ständigem Rühren zum Kochen bringen. So lange weiterrühren, bis der Zucker sich aufgelöst hat. Die Cranberries hinzufügen und weiterkochen, bis die Schale der Beeren aufspringt. Die Orangenschale unterrühren und den Topf vom Herd nehmen. Zu Truthahn servieren.

Variante
Möchten Sie einen ungetrübten Cranberry-Geschmack, ersetzen Sie Sirup und Rohrzucker durch weißen Zucker.

Wheat Tortillas
Weizenfladen (Südwesten)

Im Gegensatz zur mexikanischen Küche, wo vornehmlich Maistortillas zum Einsatz kommen, basiert die Küche des amerikanischen Südwestens auf Weizentortillas.

Das Mehl mit 1 TL Salz vermischen, die Margarine in kleinen Stücken mit den Fingerspitzen einarbeiten. 125 ml warmes Wasser zugießen und einen geschmeidigen, glatten Teig kneten, der sich fast seidig anfühlt. Ruhen lassen. Den Teig zu einer Wurst rollen, in neun gleich große Teile schneiden und ausrollen. Damit der Fladen halbwegs rund wird, muss er ständig um 45 Grad gedreht werden. Wenn die Fladen eher viereckig werden und den einen oder anderen Zacken haben, macht das nichts, aber sie sollten nicht länglich oder oval sein, da sie in die Pfanne passen müssen. Eine beschichtete Pfanne (26 oder 28 cm Durchmesser) ohne Fett erhitzen und die Tortillas braten – höchstens eine Minute pro Seite. Wenn sich Blasen bilden und die untere Fladenseite gar aussieht, wenden.

Bleiben die Fladen zu lange in der Pfanne, bekommen sie schwarze Flecken und werden hart, das heißt, sie lassen sich nicht mehr biegen. Braune Flecken sind normal und sogar erwünscht.

für 9 Stück

300 g Mehl
50 g Margarine – mit Butter schmeckt der Teig zu intensiv

Hush Puppies
Maismehlklößchen (Südstaaten)

Eine beliebte Erklärung des Namens lautet, dass diese Klößchen sogar Welpen ruhigstellen: Hush puppies – seid still, Welpen! Etwas überzeugender ist die Argumentation, dass mit Hush ursprünglich Mush (Mus) gemeint war, was das Rätsel um die Welpen aber immer noch nicht löst.

für 4 Personen

125 g Polenta
75 g Mehl
1 TL Backpulver
1/2 TL Natron
1/2 TL Zucker
1 TL Salz
1 Ei
125 ml Buttermilch
Öl zum Frittieren

Die trockenen Zutaten miteinander vermischen. Das Ei mit der Buttermilch verschlagen und in die Mischung einrühren, bis sie gerade so verbunden sind – nicht überrühren! Das Öl erhitzen, den Teig teelöffelweise hineingeben – Vorsicht: Es kann spritzen. Etwa 3 Minuten goldbraun frittieren.

Twice Baked Potatoes
Doppelt gebackene Kartoffeln (Idaho)

Amerikaner assoziieren mit dem Staat Idaho Kartoffeln. Seit 1937 gibt es eine staatliche Agentur, die sich um das Image und die Vermarktung der Knolle kümmert (2,7 Milliarden Dollar Umsatz und 11 Milliarden amerikanische Pfund Knollen im Jahr 2008), und seit 2002 sind Kartoffeln offizielles Staatsgemüse. Der Kartoffelanbau kam im 19. Jahrhundert in Idaho ins Rollen, als die ansässige Bevölkerung die Gold-, Silber- und Bleigräber mit den Knollen versorgte.

Die Kartoffeln gründlich abbürsten, ein paarmal einstechen und im Ofen bei 200° C etwa eine Stunde garen. Währenddessen die Zwiebel fein hacken und in Öl glasig dünsten. Den Käse reiben. Die Kartoffeln aus dem Ofen nehmen. Sobald man sie anfassen kann, das obere Drittel (längs gesehen) abschneiden, vorsichtig aushöhlen, nur eine dünne Wand stehen lassen. Die obere Schale entsorgen, die untere, größere aufbewahren. Die Kartoffel zerstampfen, Milch und Butter zugeben, mit Salz, Pfeffer und geriebenem Muskat abschmecken, den Käse untermischen. Die Masse zurück in die Schalen geben und im Ofen bis zu 20 Minuten garen, bis der Käse geschmolzen und die Oberfläche appetitlich gebräunt ist.

mindestens 1 1/2 Stunden vorher beginnen
für 4 Personen

4-6 große Backkartoffeln, möglichst mehlig
1 Zwiebel
Öl zum Braten
100 g Cheddar
150 ml Milch oder Sahne
Zucchini oder Möhre
1 EL Butter
Muskatnuss

Noodle Kugel
Bandnudelauflauf (Jüdisch)

Ein Noodle Kugel, auch wenn er süß daherkommt, wird nicht als Nachtisch, sondern als stärkehaltige Beilage zu herzhaften Gerichten wie Huhn oder Fisch gereicht.

für 6 Personen als Beilage

500 g Eierbandnudeln
125 g Butter
300 g Apfelmus
2 geriebene Äpfel
150 g Rohrzucker
6 Eier
1 Päckchen Vanillezucker
Zitronensaft nach Geschmack
gemahlener Zimt nach
Geschmack
Zimt-Zucker-Gemisch
zum Bestreuen

Finden sich in osteuropäischen Kugelrezepten mal Zimt oder Rosinen, mal ein Klacks saurer Sahne, enthalten sie in der Neuen Welt Früchte aller Art, Konfitüren, Nüsse, Cornflakes etc. Bei einem Kugelwettbewerb in Philadelphia wurden 500 verschiedene Rezepte eingereicht.

Die Nudeln laut Packungsanweisung kochen, abgießen und über die in einer Schüssel befindliche Butter geben, sodass diese schmilzt. Die restlichen Zutaten hinzufügen und gut miteinander vermischen. In eine ausgebutterte Auflaufform geben, mit etwas Zimt-Zucker bestreuen und im Ofen bei 150° C etwa eine Stunde backen.
Zu herzhaften Gerichten servieren.

Buttermilk Biscuits
Buttermilchbrötchen (Südstaaten)

Diese Brötchen gehören zu einem Südstaaten-Dinner und sind schnell und leicht zuzubereiten.

für 4-6 Personen

350 g Mehl
1 TL Natron und 2 TL Wein-
*   stein – oder 2 1/2 TL*
*   Backpulver*
1 Prise Salz
100 g Schmalz oder Butter
1/4 l Buttermilch

Den Backofen auf 200° C vorheizen.
Die trockenen Zutaten miteinander vermischen, das Schmalz in kleinen Stücken mit den Fingerspitzen einarbeiten. Langsam die Buttermilch zugießen, bis der Teig zusammenkommt, und kurz durchkneten. Mit den Händen auf einer Arbeitsfläche zurechtdrücken, sodass der Teig etwa 2 cm Höhe hat. Kreise von 5 cm Durchmesser ausstechen, bis der ganze Teig verbraucht ist. Bis zu 10 Minuten goldbraun backen.

Popovers
Ofen-Pfannkuchen (All American)

In den USA gibt es spezielle Popoverpfannen zu kaufen. Man kann sich mit Soufflé-Schälchen oder einer Muffinform behelfen.

Den Backofen auf 210° C vorheizen. Das Mehl mit Zucker und einer guten Prise Salz vermischen. Eier und Milch verschlagen und langsam in die Mehlmischung einrühren. In einem kleinen Topf die Butter zerlassen. 2 EL Butter in den Teig rühren, mit dem Rest die Backformen einfetten. Den Teig auf zwölf Schälchen verteilen, in den Ofen stellen und 15 Minuten backen. Die Hitze auf 175° C reduzieren und weitere 15 Minuten backen – den Ofen zwischendurch nicht öffnen. Heiß servieren.

für 4 Personen

150 g Mehl (oder Mehl und Vollkornmehl im Verhältnis 2:1)
1 TL Zucker
2 Eier
1/4 l Milch
75 g Butter

Dirty Rice
Schmutziger Reis (Cajun)

*Dreckig sieht der Reis aus, weil er mit Hühner-
lebern zubereitet wird. Dies Gericht wird oft als
Beilage zu Geflügel gegessen, reicht aber auch als
eigenständige Mahlzeit.*

für 4-6 Personen

*300 g Innereien vom Huhn
(Herz, Magen)
2 Zwiebeln
1 grüne Paprikaschote
3 Stangen Sellerie
Petersilie
Fett von ausgelassenem Speck
2 Knoblauchzehen
400 g Langkornreis
750 ml Brühe oder Wasser
Cayennepfeffer oder Tabasco
300 g Hühnerleber
Butter zum Braten*

Die Innereien klein schneiden. Die Zwiebeln
hacken. Die Paprika halbieren, entkernen, waschen und fein würfeln. Den Sellerie würfeln.
Die Petersilie hacken.
In einem großen Topf das Fett erhitzen, Zwiebeln und Sellerie anbraten. Nach etwa 5 Minuten die Innereien zugeben und kurz mitdünsten. Paprika und zerdrückten Knoblauch hinzufügen, umrühren. Den Reis in den Topf geben
und langsam die Brühe angießen. Zum Kochen
bringen, umrühren, die Hitze reduzieren und
köcheln, bis der Reis gar ist und die Flüssigkeit
aufgesogen hat. Mit Cayennepfeffer oder Tabasco abschmecken.
Währenddessen die Leber klein schneiden. In
einer Pfanne die Butter zerlassen und die Leber
kurz anbraten. In den Reis geben.
Mit Petersilie bestreut servieren.

Ein typisches Beispiel für den Mix der Küchen Mexikos und Texas', der sogenannte Tex-Mex: Fajitas, Rindfleisch-Wraps (S. 164).

Cheeseburger (S. 160) oder Hamburger gehören zu jedem Grillfest.

Eine typische Auswahl der beliebten Muffins (S. 222/223), die im 19. Jahrhundert von englischen Einwanderern nach Amerika gebracht wurden.

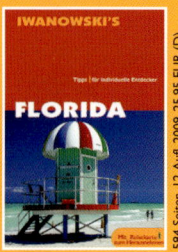

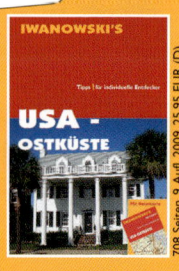

◆

Pulses
Hülsenfrüchte

◆

Hoppin' John
Reis-Bohnen-Eintopf (Südstaaten)

Wahrscheinlich ein Sklaveneintopf, denn die verwendeten Kuhbohnen (black-eyed peas), kleine, weiße Bohnen mit einem schwarzen Fleck in der Beuge, sind auch in Afrika weit verbreitet, wachsen jedoch in gemäßigtem Klima nicht so gut. In den Südstaaten wird der Hoppin' John das ganze Jahr über verzehrt, im Norden nur zu Neujahr, denn er soll Glück bringen – und der Kohl, der dazu serviert wird, sorgt für den Wohlstand.

*mindestens 2 Stunden
vorher beginnen
für 4-6 Personen*

*200 g Kuhbohnen
Knochen vom Kasseler
Knoblauch nach Geschmack
Zwiebel nach Geschmack
175 g Langkornreis
Cayennepfeffer*

Die Bohnen mit Knochen, Knoblauch und Zwiebel in einen Topf geben und mit 1 1/2 l Wasser zum Kochen bringen. Die Hitze reduzieren und die Bohnen in etwa zwei Stunden weich kochen.

Wenn die Bohnen gar sind, die Knochen herausfischen. Den Reis zugeben und 20 Minuten köcheln, bis er weich ist. Mit Salz, Pfeffer und Cayennepfeffer abschmecken. Falls noch Fleisch an den Knochen war, es klein würfeln und untermischen.

Variante
Diese trockene Version stammt aus Charleston, man kann den Eintopf mit mehr Wasser auch flüssiger gestalten.

Refried Beans
Bohnenmus (Südwesten)

Ursprünglich wohl immer wieder aufgewärmte Bohnen, die schließlich zu Mus wurden. Heute kocht man Bohnen eigens dafür und zerstampft sie.

Die Bohnen mit reichlich Wasser zum Kochen bringen und in etwa zwei Stunden gar kochen. Abgießen, 200 ml Kochflüssigkeit aufbewahren. Die Zwiebel grob hacken. Fett erhitzen und die Zwiebel glasig dünsten, den zerdrückten Knoblauch unterrühren. Die Bohnen samt Kochflüssigkeit zugießen und 10 Minuten kochen, zerstampfen oder pürieren. Mit Salz und Pfeffer abschmecken. Dient als Füllung von Burritos, Chimichangas, Tacos etc. Oder eigenständig mit Sahne und geriebenem Käse servieren.

mindestens 2 Stunden vorher beginnen
für 4-6 Personen

500 g Wachtelbohnen (Pinto Beans)
1 große Zwiebel
Fett von ausgelassenem Speck oder Schmalz
2 Knoblauchzehen
Sahne
Käse

Baked Beans
Gebackene Bohnen (Neuengland)

mindestens 2 1/2 Stunden
vorher beginnen
für 6-8 Personen

500 g weiße Bohnen
100 g Frühstücksspeck
1 große Zwiebel
750 ml Passata
(pürierte Tomaten)
2 EL Ahornsirup

Die Bohnen mit reichlich Wasser zum Kochen bringen und kochen, bis sie bissfest sind, aber noch nicht so weich, dass sie anfangen zu zerfallen. Den Speck klein schneiden und die Zwiebel würfeln. In einer Pfanne den Speck auslassen und die Zwiebel glasig dünsten. Die Passata zugießen und etwas einkochen, mit Salz abschmecken. Den Backofen auf 150° C vorheizen. Bohnen und Tomatensauce in eine hohe Auflaufform füllen, den Ahornsirup untermischen. Im Ofen zweieinhalb Stunden schmoren.

Beans alla Charra
Bohnen auf Reiterinnenart (Südwesten)

Was dem Amerikaner sein Cowboy und dem Ar-
gentinier sein Gaucho, ist dem Mexikaner sein
Charro, allerdings in einer farbenprächtigeren
Tracht. Die Charreada (corrida) ist eine Art Rodeo
mit zehn Wettbewerben, neun für Charros, einer
ist den Charras vorbehalten. In Mexiko längst ein
Nationalsport, haben sich diese Wettkämpfe auch
im Südwesten der USA etabliert. US-Amerikaner
und -Amerikanerinnen dürfen an den nationalen
Wettkämpfen in Mexiko teilnehmen.

Die Bohnen mit Lorbeerblättern und reichlich
Wasser zum Kochen bringen und in etwa zwei
Stunden gar kochen.
Den Speck klein schneiden. Die Zwiebeln wür-
feln. Die Chilis halbieren, entkernen, waschen
und fein würfeln. Die Tomaten zerkleinern, den
Saft auffangen. Den Koriander hacken.
Wenn die Bohnen weich sind, in einer Pfanne
den Speck anbraten, Zwiebeln, zerdrückten
Knoblauch und Chilis zugeben, bis zu 3 Minu-
ten dünsten. Die Tomaten samt Saft und die
Bohnen mit etwas Kochflüssigkeit zugießen.
Mit Salz und Pfeffer abschmecken, etwa 15 Mi-
nuten köcheln.
Zum Servieren mit Koriander bestreuen.

mindestens 2 Stunden
vorher beginnen
für 6-8 Personen

500 g Wachtelbohnen
(Pinto Beans)
3 Lorbeerblätter
5 Scheiben Frühstücksspeck
2 Zwiebeln
2-4 Chilischoten nach
Geschmack
1 große Dose Tomaten
(800 ml)
frischer Koriander
2 Knoblauchzehen

Red Beans and Rice
Rote Bohnen und Reis (Louisiana)

Montags ist in Louisiana Red Beans & Rice Day. Dies Gericht kann mehr oder weniger unbeaufsichtigt kochen, und weil am Montag Waschtag war, passte das den Hausfrauen gut in den Kram. Und der Knochen vom sonntäglichen Schinken konnte gleich mitverwertet werden.

*mindestens 2 Stunden
vorher beginnen
für 6-8 Personen*

*1 Zwiebel
1 grüne Paprikaschote
2 Stangen Sellerie
2 frische Majoranzweige
Öl zum Braten
50 g Frühstücksspeck
2 Knoblauchzehen
500 g Kidneybohnen
Knochen von Schinken
oder Kasseler mit
Fleischresten
1 Lorbeerblatt
Cayennepfeffer nach
Geschmack
1 Dose Bier
500 g Langkornreis
2 Frühlingszwiebeln
1/2 Bund Petersilie*

Die Zwiebel hacken. Die Paprika halbieren, entkernen, waschen und fein würfeln. Den Sellerie würfeln. Die Majoranblättchen grob hacken.

In einem großen Topf Öl erhitzen und den Frühstücksspeck anbraten. Zwiebel, zerdrückten Knoblauch, Sellerie und Paprika zugeben, gut anbraten. Bohnen, Knochen, Lorbeerblatt, Cayennepfeffer und Majoran hinzufügen, salzen und pfeffern, mit Bier übergießen. Mit Wasser knapp bedecken und gut zwei Stunden köcheln, bis die Bohnen gar sind. Die Knochen herausnehmen.

30 Minuten bevor die Bohnen gar sind, in einem separaten Topf den Reis kochen. Die Frühlingszwiebeln in Ringe schneiden, die Petersilie hacken.

Zum Servieren Reis und Bohnen mit Zwiebeln und Petersilie garnieren. Traditionell werden scharfe Würste dazu gereicht.

◆

Sweets & Dessert
Süßigkeiten und Nachtisch

◆

Indian Pudding
Maispudding (Neuengland)

Ein altes Rezept aus dem 18. Jahrhundert. Die frühen Einwanderer bezeichneten Mais als »Indian Corn«, daher der Name »ein Pudding aus dem Korn der Indianer«.

*mindestens 4 Stunden
vorher beginnen
für 6-8 Personen*

*Butter zum Einfetten
1 l Milch
1/4 l Sahne
80 g Rohrzucker
60 ml Melasse
1/2 TL geriebener Ingwer
1 Prise Muskatblüte
1/2 TL gemahlener Zimt
50 g Butter
75 g Maismehl*

Den Backofen auf 150° C vorheizen. Eine ofenfeste Pudding- oder hohe Auflaufform ausbuttern.
Die Hälfte der Milch mit Sahne, Zucker, Melasse und Gewürzen verrühren. Die andere Hälfte mit Butter und einer Prise Salz in einen größeren Topf geben und erhitzen. Das Maismehl einrieseln lassen, dabei ständig rühren, damit sich keine Klümpchen bilden. Unter ständigem Rühren die Gewürzmilch zugießen und etwa 5 Minuten köcheln. Den entstehenden dicken Brei in die Form füllen und im Ofen dreieinhalb Stunden backen.
Lauwarm servieren.

Buckeyes
Rosskastanien (Ohio)

Der Staatsbaum Ohios ist die Rosskastanie (Ohio Buckeye), und da diese Leckerei im Aussehen an deren Früchte erinnert, heißt sie Buckeye. Lässt sich gut mit kleinen Kindern herstellen.

für 6-8 Personen

*300 g Zartbitterschokolade
400 g Puderzucker
300 g Erdnussmus
ohne Zucker
150 g Butter
1 Päckchen Vanillezucker
1/2 TL Salz*

Die Schokolade im Wasserbad schmelzen. Die übrigen Zutaten miteinander vermischen und zu kastaniengroßen Kugeln formen. Zur Hälfte in die geschmolzene Schokolade tauchen und mit der Schokoladenseite nach oben auf einen Teller legen. In den Kühlschrank stellen und vor dem Naschen gut durchkühlen lassen.

Apple Brown Betty
Apfeldessert (Neuengland)

*Die »Braune Apfelbetty« ist ein einfaches Dessert,
das schon zu Kolonialzeiten sehr beliebt war.*

Den Backofen auf 170° C vorheizen.
Das Brot in Würfel schneiden und auf einem
Blech verteilen, in den Ofen schieben und bis zu
12 Minuten rösten.
Die Äpfel schälen, entkernen und würfeln. Mit
Zitronensaft beträufeln, die Zitronenschale daruntermischen.
In einem Topf die Butter bei schwacher Hitze
zerlassen – sie darf nicht braun werden. Das
geröstete Brot mit Gewürzen und Zucker be-
streuen und mit der Hälfte der Butter übergie-
ßen, gut mischen.
Den Boden einer Auflaufform mit etwa einem
Drittel des Brotes bedecken. Die Hälfte der Äpfel
darauflegen, dann wieder ein Drittel des Brotes,
den Rest der Äpfel und zum Schluss die letzte
Lage Brot. Mit der restlichen Butter beträufeln.
Die Form in den Ofen geben und das Dessert
etwa 30 Minuten backen – es sollte fröhlich vor
sich hin blubbern und bräunen.
Herausnehmen und mit frisch geschlagener
Sahne servieren – sehr lecker schmeckt auch
Vanillesauce.

für 6 Personen

*10 Scheiben Toast- oder
Weißbrot oder
5-6 Brötchen (ruhig
etwas altbacken)
4 große oder 6 mittlere
oder 8 kleine Äpfel
1/2 Zitrone (abgeriebene
Schale und Saft)
100 g Butter
1 TL gemahlener Zimt
etwas geriebene Muskatnuss
1 Prise Gewürznelkenpulver
1 Prise gemahlener Piment
80-100 g Rohrzucker, je
nachdem, wie sauer
die Äpfel sind
Schlagsahne oder Vanille-
sauce*

Persimmons Pudding
Pudding aus Kakifrüchten (Appalachen)

*Der amerikanische Kakibaum ist im Südosten der
Vereinigten Staaten beheimatet und wächst dort
noch heute wild. Schon die Indianer schätzten
seine süßen Früchte, die ersten europäischen Siedler hielten sie für Mispeln.*

für 6 Personen

6 reife Kakifrüchte
1/2 l Milch
200 ml Sahne
3 Eier
200 g Rohrzucker
300 g Mehl
1 TL Natron
1 TL Backpulver
1 Prise Salz
1 Päckchen Vanillezucker
1 Prise gemahlener Zimt

Den Backofen auf 180° C vorheizen.
Die Kakis schälen und pürieren. Milch und
Sahne vermischen, die Eier mit dem Zucker
verschlagen. Das Mehl mit den restlichen Zutaten vermischen und die Zucker-Ei-Mischung
unterrühren. Langsam die Milch zugießen und
verrühren. In eine nicht eingefettete Kastenform
gießen und im Ofen bis zu 55 Minuten backen,
dann testen, ob der Pudding gar ist.

Peach Cobbler
Pfirsichstreusel

*»Cobbler« heißt eigentlich »Schuster« oder »Flick-
schuster«, von dem aus es zum »Pfuscher« nicht
mehr weit ist. Ein Cobbler ist denn auch ein da-
hingepfuschter Kuchen, jedenfalls für einen kor-
rekten Menschen, denn er hat keinen Boden.
Andere leiten den Namen von »cobble stones« ab,
weil die Streusel an Kopfsteinpflaster erinnern.*

für 4 Personen

Butter zum Einfetten
6 Pfirsiche
1 Zitrone (Saft)
1 EL Stärke

für die Streusel:
80 g Mehl
1/2 TL Backpulver
1 Prise gemahlene Vanille
125 g Butter
150 g Zucker
1 Ei

Den Backofen auf 175° C vorheizen. Eine Auflauf-
form ausbuttern. Die Pfirsiche schälen, in Schei-
ben schneiden und mit Zitronensaft beträufeln.
Mit der Stärke mischen und in die Form geben.
Für die Streusel das Mehl mit Backpulver, Va-
nille und Salz vermischen, die Butter in kleinen
Stücken mit den Fingerspitzen einarbeiten. Den
Zucker hinzufügen und das Ei untermischen.
Über die Pfirsiche krümeln und den Kuchen
35 Minuten backen.

Slump / Grunt
Früchtekompott mit Klößchen
(Neuengland)

Frei als »hingeschlumpft« oder »gegrunzt« zu übersetzen – der Früchtekompott ist verwandt mit dem Cobbler oder dem englischen Crumble. Als Grunt in Massachusetts bekannt, in Vermont und Maine Slump genannt.

Die Äpfel schälen, entkernen und in Scheiben schneiden, mit Zitronensaft beträufeln. In einem Topf mit Zucker und etwas Wasser zugedeckt zum Kochen bringen. Die Stärke mit kaltem Wasser anrühren und zugeben, kurz köcheln. Dann die Blaubeeren hinzufügen. Währenddessen die Klößchen zubereiten: Das Mehl mit Zucker, Backpulver und Gewürzen vermischen, die Butter in kleinen Stücken mit den Fingerspitzen einarbeiten, bis der Teig krümelig wird. Die Buttermilch zugießen und kurz verrühren. Mit einem Esslöffel Teig in den Kompott klecksen, 15 Minuten köcheln. Warm mit flüssiger Sahne servieren.

für 4 Personen

3 Äpfel
1/2 Zitrone (Saft)
250 g Blaubeeren
50-100 g Zucker
1 EL Speisestärke
Sahne

für die Klößchen:
150 g Mehl
75 g Zucker
1 TL Backpulver
1 Prise Salz
1 Prise gemahlener Zimt
1 Prise geriebene Muskatnuss
75 g Butter
100 ml Buttermilch

Banana Split
Bananensplit (All American)

Bananensplit wird traditionell in einem bootsförmigen Teller angerichtet. Die Banane halbieren und auf den Teller legen, zwischen die beiden Hälften die drei Eiskugeln drapieren. Jede Kugel mit dem farb- und geschmacklich passenden Sirup begießen, Sahne darübergeben, mit Nüssen bestreuen und mit Kirschen abschließen.

pro Portion

1 Banane
1 Kugel Vanilleeis
1 Kugel Schokoladeneis
1 Kugel Erdbeereis
Butterscotchsirup
Schokosirup
Erdbeersirup
Schlagsahne
zerkleinerte Nüsse
Maraschinokirschen nach Geschmack

Ice Cream Soda
Eiscreme mit Sprudel (All American)

Gibt es seit dem späten 19. Jahrhundert: Damals kamen gerade Soda Fountains in Mode, Zapfgeräte, die den Ausschank von karbonisierten Getränken ermöglichten.

pro Portion:
125 ml Vollmilch
2-3 EL Schokosirup oder
125 ml eiskalter Kakao
1 große Kugel Vanilleeis
eiskalter Sprudel
Schlagsahne

Die Milch in ein großes, hohes Glas geben, den Schokosirup darin auflösen. Das Eis zugeben, mit Sprudel auffüllen und mit Schlagsahne abschließen. Mit Strohhalm und einem langstieligen Löffel servieren.

Banana Foster
Flambierte Bananen (New Orleans)

»Das« Dessert aus New Orleans – es stammt von Brennan's, einem der bekanntesten Restaurants der Stadt, bekannt insbesondere für sein Frühstück. Das 1949 gegründete Restaurant ist in einem Gebäude von 1801 untergebracht und damit für amerikanische Verhältnisse uralt.

für 4 Personen

2 Bananen
Butter zum Braten
100 g Rohrzucker
1 Schuss Bananenlikör
60 ml Jamaika-Rum
1 Prise gemahlener Zimt
Vanilleeis nach Geschmack

Die Bananen längs halbieren.
In einer Pfanne reichlich Butter zerlassen und den Zucker zugeben, zu einer Paste verrühren und leicht karamellisieren lassen. Den Likör zugießen und erwärmen. Die Bananen in die Pfanne legen und den angewärmten Rum angießen, anzünden und flambieren.
Den Zimt mit Verve als »Voodoo Staub« in die Flammen werfen. Warten, bis die Flammen erlöschen, und mit Vanilleeis servieren.

◆

Pastry and Cakes
Gebäck, Torten, Kuchen

◆

Muffins
Küchlein (All American)

Das Schöne an Muffins ist, dass sie sehr schnell zuzubereiten sind und man (fast) alles verwerten kann. Über den Ursprung des Namens ist man sich nicht einig. Eine Theorie führt ihn auf das französische »moufflet« zurück, das im Zusammenhang mit Brot »weich« bedeutet, eine andere auf das alte niederdeutsche Wort »muffe« für kleiner Kuchen beziehungsweise »muffel« oder »mumpfel« für »ein Mundvoll Brot«.

für 12 große Muffins

500 g Mehl
1 Päckchen Backpulver
1 Prise gemahlene Vanille
2 große Eier
100 g Zucker
75 g Butter
300 ml Milch
1 Orange (abgeriebene Schale und Saft)
1 Handvoll Rosinen
1 Apfel
2 reife Bananen
1 Tafel Schokolade

Das Mehl mit Backpulver, einer Prise Salz und Vanille vermischen. In einer weiteren Schüssel die Eier mit dem Zucker verschlagen, Butter, Milch, Orangensaft und -schale zugeben und alles mit dem Mehl vermischen. Dabei bitte nicht übertreiben: Muffins sind keine Rührkuchen, sie sollten locker bleiben, daher nur so lange vermengen, bis sich die Zutaten miteinander verbunden haben.

Den Apfel schälen, entkernen und reiben, die Bananen zerdrücken, die Schokolade klein hacken und alles unterheben. Den Teig gleichmäßig in ausgebutterte Muffinsformen füllen und im Ofen bei 180° C bis zu 25 Minuten backen.

Blueberry Muffins
Blaubeerküchlein (All American)

Den Backofen auf 180° C Umluft vorheizen. In einer Schüssel die trockenen, in einer anderen die flüssigen Zutaten mischen – ohne die Blaubeeren. Die flüssigen Zutaten langsam und unter ständigem Rühren zu den trockenen geben, nur so lange rühren, bis sie sich miteinander verbunden haben. Zuletzt die Blaubeeren hineingeben.

Den Teig gleichmäßig in ausgebutterte Muffinsformen füllen und mindestens 20, höchstens 30 Minuten backen.

Gefrorene Blaubeeren färben den Teig lila.

für 24 große Muffins

900 g Mehl
15 EL Zucker
1 TL Salz
9 TL Backpulver
2 EL abgeriebene
* Zitronenschale*
150 g Butter
3 Eier
1/2 l Milch
500 g frische Blaubeeren

Carrot Muffins
Möhrenküchlein (All American)

In einer Schüssel die trockenen, in einer anderen die flüssigen Zutaten mischen – ohne Möhren und Apfel. Die flüssigen Zutaten langsam und unter ständigem Rühren zu den trockenen geben. Die Möhren raspeln, den Apfel entkernen und reiben, beides unterheben. Den Teig gleichmäßig in ausgebutterte Muffinsformen füllen und bis zu 20 Minuten backen.

für 12 Stück

200 g Weizenvollkornmehl
1 Prise Salz
1/2 TL Backpulver
1 Prise gemahlener Piment
1 Prise geriebene Muskatnuss
1/4 TL gemahlener Zimt
1 Päckchen Vanillezucker
200 ml Ahornsirup
200 ml Öl
2 EL Joghurt
2 Eier
2 mittelgroße Möhren
1 großer Apfel

Brownies
Schokoladenschnitten (All American)

Seit Ende des 19. Jahrhunderts ein sehr beliebter Kuchen. Brownies sind, wie der Name schon sagt, tiefbraun, da sie fast ausschließlich aus Schokolade bestehen.

für 6-8 Personen

200 g Schokolade
200 g Butter
3 große oder 4 kleine Eier
200 g Zucker oder Rohrzucker
gemahlene Vanille
150 g Mehl oder
  Vollkornmehl
150 g Wal- oder
  Haselnusskerne

Schokolade und Butter im Wasserbad schmelzen, etwas abkühlen lassen. Die Eier mit Zucker und Vanille schaumig rühren. Die abgekühlte Schokomasse unterrühren. Das Mehl hinzufügen und verrühren, zuletzt die Nüsse untermischen. Den Teig in eine mit Backpapier ausgelegte Auflaufform geben und im Ofen bei 150° C Umluft bis zu 30 Minuten backen. Die Backzeit hängt sehr von der Dicke des Kuchens und der Temperatur ab: Lässt man ihn etwas zu lange im Ofen, kann er knochentrocken werden, was leider oft passiert und die Brownies ruiniert. Lässt man sie nicht lange genug im Ofen, werden sie auch nach dem Abkühlen nicht ganz fest, sind aber trotz allem überaus genießbar. Also in diesem Fall lieber zu kurz als zu lang. In 3 x 3 cm große Quadrate schneiden.

Doughnuts
Schmalzgebäck (Hudson River Valley)

Der Doughnut ist wahrscheinlich ein holländischer »olykoek«, ein in Öl gebackener Kuchen. Die Backanleitung dafür lautete: »Take dough the size of a nut – nimm Teig in der Größe einer Nuss«, was zum englischen Namen führte. Das Loch kommt vermutlich von den Pennsylvania Dutch (»Dutch« heißt zwar »holländisch« auf Englisch, gemeint sind hier aber die Deutschen), die auch das Tunken des Doughnuts populär machten. Noch heute ist das die bevorzugte Art, Doughnuts zu verspeisen.

Die trockenen Zutaten miteinander vermischen. Die Eier gut verschlagen, das gewürzte Mehl zugeben, dann die zerlassene Butter und die Milch unterrühren. Den Teig gut 1 cm dick ausrollen, 7 cm große Kreise ausstechen und ein Loch hineinpressen. Im Fett ausbacken, bis sie rundum Farbe angenommen haben.
Auf Küchenpapier abtropfen lassen. In Puder- oder Kristallzucker wenden.

für 6-8 Personen

550 g Mehl
175 g Zucker
3 1/2 TL Backpulver
1/2 TL gemahlener Zimt
1/4 TL geriebene
*   Muskatnuss*
1/2 TL Salz
2 Eier
3 EL Butter
1/4 l Milch
Öl oder Schmalz
*   zum Frittieren*
Puder- oder Kristallzucker
*   zum Bestäuben*

Beignets
Krapfen (New Orleans)

Ein Schmalzgebäck aus New Orleans. Geht man ins Café du Monde am alten Marktplatz im Vieux Carré, kann man dort Café au lait trinken und dazu Beignets essen, wobei der Kaffee aus einer speziellen Mischung aus Kaffee und Zichorien (Chicory) gebraut wird.

für 6-8 Personen

1 Päckchen Trockenhefe
175 ml Milch
3 EL Zucker
3 EL Palmfett
420 g Mehl
1 Ei
Öl zum Frittieren
Puderzucker zum Bestäuben

Die Hefe in 3 EL lauwarmem Wasser auflösen. Die Milch erhitzen, den Zucker, 1 TL Salz und das Fett darin auflösen – nicht kochen. Die Hefe zum Mehl geben, dann langsam die lauwarme Milchmischung hinzufügen. Das Ei verschlagen und einarbeiten, gut vermischen. Den Teig auf einer Arbeitsfläche etwa 10 Minuten gut durchkneten, bis er eine elastische Konsistenz hat. In eine Schüssel legen, mit einem Geschirrtuch bedecken und eine Stunde gehen lassen.
Erneut durchkneten und zu einem etwa 30 x 40 cm großen Rechteck ausrollen, nochmals gehen lassen. In etwa 4 cm große Quadrate schneiden und in heißem Fett jede Seite etwa 1 Minute goldbraun ausbacken.
Auf Küchenpapier abtropfen lassen, in reichlich Puderzucker wenden und sofort servieren.

Chocolate Chip Cookies / Toll House Cookies
Plätzchen mit Schokoladentropfen
(Massachusetts)

Das Rezept geht zurück auf eine gewisse Mrs Wakefield, Wirtin des »Tollhouse Inn« (Zollhaus) zwischen Boston und New Bedford in Massachusetts. In den 1930er Jahren mischte sie beim Plätzchenbacken Zartbitterschokolade in den Teig und stellte erstaunt fest, dass sie nicht schmolz, sondern in Stückchen erhalten blieb. Nestlé verkaufte fortan mit großem Erfolg Chocolate Chips, eigens für diese Plätzchen.

Den Backofen auf 180° C vorheizen. Butter und Zucker mit einem Handmixer schaumig rühren. Die Eier einzeln hineinschlagen und verrühren. In einer zweiten Schüssel das Mehl mit Backpulver und Vanille vermischen und langsam mit einem Holzlöffel unter die Eierbutter rühren. Zuletzt die Schokoladenchips untermischen. Das Backblech einfetten, mit einem Löffel Teigkleckse daraufsetzen und etwa 10 Minuten backen.
Kurz abkühlen lassen. Die Chips zerbröseln leichter, wenn sie heiß sind.

für 6-8 Personen

250 g Butter
200 g Rohrzucker
2 Eier
300 g Mehl
1 TL Backpulver
1 Prise gemahlene Vanille
200 g Schokoladenchips
(notfalls klein gehackte Schokolade)

Gingerbread Men
Lebkuchenmänner

mindestens 1 1/2 Stunden
vorher beginnen
für 10 Personen

250 g Butter
150 g Rohrzucker
1/4 l Ahornsirup
500 g Mehl
1 EL geriebener Ingwer
1 EL gemahlener Zimt
1 Prise Salz

Butter, Zucker und Sirup mit dem elektrischen Mixer verrühren, bis sich eine cremige Masse ergibt. Die trockenen Zutaten miteinander vermischen und langsam in die Buttermischung einrühren. Den Teig zu einer Art Frisbee-Scheibe formen und eine Stunde in den Kühlschrank legen. Herausnehmen und 15 Minuten ruhen lassen. Vorsichtig dünn ausrollen und mit entsprechenden Formen ausstechen. Im Ofen bei 180° C Umluft bis zu 12 Minuten backen.

Gingersnap
Ingwerkekse (Pennsylvania)

für 6-8 Personen

300 g Mehl
175 g Rohrzucker
175 g weiche Butter
75 ml Melasse
1 Ei
1 TL Natron
1 TL geriebener Ingwer
1/2 TL gemahlener Zimt
1 Prise Gewürznelkenpulver
1 Prise Salz
80 g Zucker zum Bestreuen

Die Hälfte des Mehls mit den restlichen Zutaten vermischen und mit dem elektrischen Mixer gut verrühren. Das restliche Mehl mit den Händen einarbeiten. Den Teig eine Stunde kalt stellen. Den Backofen auf 180° C vorheizen. Aus dem Teig walnussgroße Kugeln formen und zur Hälfte in den Zucker tauchen. Mit etwa 6 cm Abstand auf ein mit Backpapier ausgelegtes Blech setzen und bis zu 12 Minuten backen. Die Kekse sind in der Mitte noch weich, wenn Sie sie aus dem Ofen nehmen, sie härten beim Abkühlen.

Oatmeal Cookies
Haferflockenplätzchen (All American)

Den Backofen auf 170° C Umluft vorheizen. Butter und Zucker cremig schlagen. Die Eier einzeln hineinschlagen und verrühren. Die trockenen Zutaten miteinander vermischen und langsam in die Butter-Zucker-Mischung einrühren, dabei die Milch zugießen.
Mit dem Teelöffel dicke Tropfen auf ein mit Backpapier ausgelegtes Blech setzen und je nach Größe und Dicke bis zu 15 Minuten backen.

für 6-8 Personen

125 g Butter
12 EL Zucker
2 Eier
200 g Mehl
250 g grobe Haferflocken
1 Prise gemahlener Zimt
1 Prise Salz
2 TL Backpulver
1 Prise gemahlene Vanille
125 ml Milch

Peanutbutter Cookies
Erdnussplätzchen (All American)

Butter und Zucker cremig rühren, das Erdnussmus und das Ei unterrühren. Die trockenen Zutaten miteinander vermischen und langsam in die Buttermischung einrühren. Wenn nötig, etwas Milch zugießen. Eine Rolle formen und zwei Stunden in den Kühlschrank legen.
Runde Cookies abschneiden und im Ofen bei 180° C Umluft je nach Dicke bis zu 10 Minuten backen.

mindestens 2 Stunden vorher beginnen
für 10-12 Personen

250 g Butter
150 g Zucker
5 EL Erdnussmus
1 Ei
400 g Mehl
1 TL Backpulver
1 Prise Salz
1 Handvoll gehackte Erdnüsse
1 Prise gemahlene Vanille
1 EL Milch

Bizcochitos
Anisplätzchen (New Mexico)

Das offizielle Gebäck des Bundesstaates New Mexico. Spanische Eroberer brachten es im 16. Jahrhundert mit. Seither ist es das traditionelle Gebäck zu kirchlichen Feiertagen, Hochzeiten und Taufen. Soll es zur Hochzeit serviert werden, werden Karos (im Englischen »diamonds«) ausgestochen und nach dem Backen mit – natürlich weißem – Puderzucker bestäubt.

für 8-10 Personen

250 g Schmalz oder Butter
80 g Zucker
1 TL leicht zerstoßene
*   Anissamen*
1 Ei
1 EL Milch
200 g Mehl
1 TL Backpulver
Zimt-Zucker-Gemisch
*   zum Bestäuben*

Den Backofen auf 180° C vorheizen. In einer großen Schüssel Fett, Zucker und Anis cremig schlagen. Das Ei und die Milch zugeben, gut durchschlagen.
In einer zweiten Schüssel das Mehl mit Backpulver und 1 TL Salz vermischen und langsam in die Fett-Zucker-Mischung einrühren. Den Teig kurz durchkneten und ausrollen. Plätzchen ausstechen und im vorgeheizten Ofen bis zu 12 Minuten leicht goldbraun backen.
Noch warm mit Zimt-Zucker bestäuben.

Graham Crackers
Vollkornplätzchen (New Jersey)

Im 19. Jahrhundert in New Jersey von Sylvester Graham, einem Geistlichen, als Teil der Graham-Diät entwickelt, die dabei helfen sollte, auf Fleischliches zu verzichten – damit war nicht Gebratenes gemeint: Möglichst geschmacksneutrales Essen sollte verhindern, dass das Blut in Wallung geriet. So zumindest die Theorie …

Die trockenen Zutaten miteinander vermischen, die Butter in kleinen Stücken mit den Fingerspitzen einarbeiten. Honig und Melasse untermischen, dann 125 ml Wasser zugießen und einarbeiten – es sollte ein fester Teig entstehen, der zu einer Kugel zusammenkommt. Den Backofen auf 180° C vorheizen. Ein Blech mit Backpapier auslegen, den Teig daraufgeben und etwas platt drücken. Einen zweiten Bogen Backpapier darüberlegen und den Teig auf Plätzchendicke ausrollen. Den zweiten Bogen entfernen und mit einem Messer 5 cm große Quadrate schneiden. Die Plätzchen etwa 15 Minuten backen. Abkühlen lassen und an den Schnittstellen auseinanderbrechen.

für 8-10 Personen

225 g Vollkornmehl
75 g Mehl
100 g Zucker
1 TL Backpulver
1/2 TL Natron
1 Prise gemahlener Zimt
1 Päckchen Vanillezucker
125 g Butter
2 EL Honig
2 EL Melasse

Pie I
Grundrezept Krümelteig

Ist keine Pie-Form zur Hand, muss eine kleine Springform (26 cm Durchmesser) herhalten. Traditionell werden für diesen Boden Graham Crackers verwendet, man kann aber auch auf Zwieback zurückgreifen.

200 g zerkrümelte Graham Crackers (Seite 231)
2 EL Zucker
45 ml zerlassene Butter

Alles vermengen und in die Form pressen, sodass der Boden bedeckt ist. Sollte es nicht reichen (etwa weil die Form größer ist), die Mengen erhöhen. Im Ofen bei 175° C bis zu 8 Minuten vorbacken. Herausnehmen und abkühlen lassen.

Pie II
Grundrezept Mürbeteig

Ist keine Pie-Form zur Hand, muss eine kleine Springform (26 cm Durchmesser) herhalten.

200 g Butter
350 g Mehl
1 EL Zucker

Die Butter in kleinen Stücken mit den Fingerspitzen in das Mehl einarbeiten. Zucker, 1/2 TL Salz und 8 bis 10 EL Wasser zugeben und alles zu einem Teig verkneten. Kurz ins Gefrierfach legen.

Apple Pie
Apfelkuchen (All American)

»As American as Apple Pie« – der Inbegriff amerikanischer Heimeligkeit, Geborgenheit, des Zu-Hause-Seins.

Für die Füllung die Äpfel schälen, entkernen und in mundgerechte Stücke schneiden. Mit den anderen Zutaten vermischen.
Den Backofen auf 170° C vorheizen.
Den Teig in eine größere und eine etwas kleinere Hälfte teilen und beide ausrollen. Mit der größeren Hälfte die Backform auslegen, die Apfelmischung hineingeben, mit der kleineren Hälfte abdecken. Wo Boden und Deckel zusammenkommen, sollten sie überlappen. Die beiden Lagen mit den Zinken einer Gabel ringsum so zusammendrücken, dass ein Muster entsteht.
In die Mitte ein Loch bohren, damit der Dampf entweichen kann, und den Deckel mit Milch bestreichen. Im Ofen etwa 50 Minuten backen.

Mürbeteig (Seite 232)
Milch zum Bestreichen

für die Füllung:
5 Äpfel
1 EL Zitronensaft
100 g Zucker
1/4 TL gemahlener Zimt
1 Prise Salz
2 EL Stärke

Cherry Pie
Kirschkuchen (Michigan)

Michigan ist das Sauerkirsch-Zentrum der USA.

Den Backofen auf 190° C vorheizen. Eine Pie-oder Springform (24 cm Durchmesser) einfetten.
Drei Viertel des Teigs ausrollen und in die Form legen. Für die Füllung alle Zutaten miteinander vermischen und hineingeben. Den restlichen Teig ausrollen, in dünne Streifen schneiden und gitterförmig auf den Kuchen legen. Etwa eine Stunde backen.
Mit Vanilleeis schmeckt der Pie am besten.

Mürbeteig (Seite 232)

für die Füllung:
1/4 l Zucker
3 EL Maisstärke
1 Prise Salz
1 kg Sauerkirschen (auch tiefgefroren)
1 TL Zitronensaft

Pecan Pie
Nusskuchen (Südstaaten)

Pekannüsse erinnern an Walnüsse: Ihre Schale ist glatt und nicht schrumpelig wie bei der Walnuss, der Kern ist glatter, länger, schmaler, dunkler und milder im Geschmack.
Über die Aussprache gibt es Unstimmigkeiten: Manche sagen »pe-kahn«, andere »píken«.

Mürbeteig, 50 g fein gemahlene Pekannüsse eingearbeitet (Seite 232)

für die Füllung:
225 g Pekannüsse
5 Eier
140 g Rohrzucker
175 g Zucker
100 g Butter
2 Päckchen Vanillezucker

Den Backofen 5 Minuten vorheizen, die Nüsse hineingeben und 5 Minuten rösten. Den Boden des Kuchens bei 175° C 6 bis 8 Minuten vorbacken. Die Eier schaumig schlagen, Zucker, zerlassene Butter und eine Prise Salz hineinschlagen. Die Mischung bei schwacher Hitze langsam erwärmen. Wenn sie heiß ist, die Nüsse zugeben. In die vorgebackene Form füllen und bis zu 40 Minuten backen. Die Füllung ist noch weich, wenn Sie den Kuchen aus dem Ofen nehmen, sie härtet beim Abkühlen.

Variante: Schokolade-Nuss-Kuchen
80 g Zartbitterschokolade und 1/4 Paket Butter im Wasserbad schmelzen. Leicht abkühlen lassen und mit den Nüssen untermengen.

Mississippi Mud Pie
Schokoladenkuchen (Südstaaten)

Mud Pie (Schlammkuchen) heißt der Kuchen,
weil die zähflüssige Schokoladenfüllung an die
Ufer des Mississippi erinnert.

Den Backofen auf 180° C vorheizen.
Butter und Schokolade im Wasserbad schmelzen, Zucker und Vanille unterrühren, bis sich
der Zucker aufgelöst hat. Vom Herd nehmen
und abkühlen lassen. Währenddessen die Eier
schlagen und in die lauwarme Schokolade einrühren. In die Springform mit dem Boden füllen und im Ofen bis zu 40 Minuten backen.
Warm mit Vanilleeis servieren.

Krümelteig, mit 2 EL unge-
süßtem Kakaopulver
vermischt, vorgebacken
(Seite 232)
125 g Butter
100 g Bitterschokolade
(70 Prozent)
275 g Rohrzucker
1 Päckchen Vanillezucker
3 Eier

Pumpkin Pie
Kürbiskuchen

Pumpkin Pie wird traditionell an Halloween und an Thanksgiving gegessen. Am 31. Oktober, am Vorabend zu Allhallow oder All Saints' Day, also Allerheiligen, treiben die Geister der Verstorbenen ihr Unwesen. Traditionell werden Gesichter in Kürbisse geschnitten – ich empfehle aus eigener Erfahrung, das Gesicht vor dem Schneiden auf den Kürbis zu malen, denn sonst verschneidet man sich leicht – und Kerzen hineingestellt. Auch baut man eine Art Totempfahl aus den Kürbissen, indem man sie aufeinandertürmt. Als Kind zog ich mit einer Gruppe bunt verkleideter Nachbarskinder von Haus zu Haus. Da meine Eltern nicht zu den Kreativsten gehörten, lief ich mit einer braunen Papiertüte aus dem Supermarkt über dem Kopf durch die Gegend, in die Augen, Nase und Mund hineingeschnitten waren. Mir gefiel das nicht wirklich, weder die Verkleidung noch das Herumziehen. Ich wollte schnell wieder nach Hause, nicht nur, weil ich schüchtern war und mir die ganze Aktion Angst machte, sondern vor allem, weil meine Eltern all meine Lieblingssüßigkeiten verteilten, während ich unterwegs nur ekligen Süßkram einheimste.

Krümelteig, vorgebacken
  (Seite 232)
375 ml Kondensmilch
150 g Rohrzucker
1 Prise Salz
1 TL gemahlener Zimt
1/2 TL geriebener Ingwer
1 Prise geriebene Muskatnuss
1 Prise gemahlener Piment
1 Prise Gewürznelkenpulver
2 leicht geschlagene Eier

Für das Püree den Kürbis waschen, halbieren, Kerne und Gestrüpp aus dem Inneren entfernen und (ungeschält) in größere Stücke schneiden. Mit wenig Wasser aufsetzen (nicht zu viel, es soll ja verdunsten, nur zu Beginn muss ein wenig Flüssigkeit im Topf sein, damit es nicht anbrennt), zum Kochen bringen und köcheln, bis ein dicker Brei entsteht – er sollte zumindest die Konsistenz von nicht allzu weichem Kartoffelbrei haben. Gut beobachten und öfter umrühren, da er leicht ansetzt.

Oder: Die Stücke (mit der Schale nach unten) auf ein Backblech legen und im Ofen bei 180° C etwa 45 Minuten backen, bis sie weich sind – mit dem Messer einstechen, um zu testen, ob sie gar sind. Zu Püree zerstampfen. 1/2 l Püree abmessen, mit den übrigen Zutaten vermischen. In die Springform mit dem Boden gießen und im Ofen bei 220° C 15 Minuten backen. Die Hitze auf 175° C reduzieren und weitere 45 Minuten backen – mit einem Messer testen, ob der Kuchen gar ist: Es muss nach dem Einstechen sauber sein.

für das Kürbispüree:
1 ungeschälter Hokkaido-
oder geschälter Butter-
nut-Kürbis (etwa 1,5 kg)

Pumpkin-Cheese-Pie
Kürbis-Käse-Kuchen

Dies Rezept ist die Adaption einer Anzeige der Firma Libby's in einer amerikanischen Kochzeitschrift, die für Kürbispüree aus der Dose Reklame machte.

Alles miteinander vermengen. In die Springform mit dem Boden gießen und im Ofen bei 175° C knapp eine Stunde backen – mit einem Messer testen, ob der Kuchen gar ist: Es muss nach dem Einstechen sauber sein.

Krümelteig, vorgebacken
(Seite 232)
gut 1/4 l dickes Kürbispüree
(Seite 237)
300 g Doppelrahmfrischkäse
150 g Rohrzucker
2 Eier
70 ml Kondensmilch
1 gehäufter EL Maisstärke
1 TL gemahlener Zimt
1/4 TL geriebene Muskatnuss

Key Lime Pie
Limettentarte (Florida)

Ein Pie mit Limetten von den Florida Keys, einer Inselgruppe im Archipel vor der Südspitze Floridas. Key Limes haben ein intensives Aroma und sind im reifen Zustand gelb. Da sie in Deutschland nicht zu haben sind, andere Limetten verwenden. Selbstredend ist der Key Lime Pie der offizielle Pie des Staates Florida. Kommerziell erhältliche Pies sind oft mit grüner Lebensmittelfarbe eingefärbt.

200 g Butter
350 g Mehl
1 EL Zucker
1/2 TL Salz
8-10 EL Wasser

für die Füllung:
4 Eigelb
400 ml Kondensmilch
4 EL Puderzucker
120 ml Limettensaft

Die kalte Butter in kleinen Stücken mit den Fingerspitzen in das Mehl einarbeiten, bis die Masse krümelig ist. Mit den übrigen Zutaten zu einem Teig verkneten und 15 Minuten ins Gefrierfach legen. Ausrollen und eine Pie- oder Tarteform damit auskleiden.

Für die Füllung die Eigelbe mit der Milch verrühren, den Puderzucker hineinsieben und unterrühren. Den Zitronensaft zugießen und weiterrühren, bis die Masse dicklich wird. In die Tarteform gießen und im Ofen bei 170° C etwa 40 Minuten backen.

Shoo-fly Pie
Zuckerstreusel (Pennsylvania)

Wahrscheinlich der bekannteste Pie der Pennsylvania Dutch. »To shoo away flies« heißt »Fliegen verscheuchen« – man könnte meinen, bei diesem Pie handele es sich um ein natürliches Insektenvertreibungsmittel. Da der Pie sehr zuckerhaltig ist, ist eher das Gegenteil der Fall.

Den Backofen auf 200° C vorheizen. Den Mürbeteig ausrollen, in die Form geben, mit Aluminiumfolie bedecken und 10 Minuten backen. Die Folie entfernen und weitere 3 Minuten backen. Aus dem Ofen nehmen und die Temperatur auf 170° C reduzieren.

Für die Streusel Mehl und Zucker verrühren, die Butter in kleinen Stücken mit den Fingerspitzen einarbeiten, bis die Masse krümelig ist. In einer weiteren Schüssel die Melasse mit 120 ml Wasser und Natron verrühren. Ein Viertel dieser Mischung in die Form geben, mit einem Viertel der Streusel bedecken und dies wiederholen, bis alle Zutaten verbraucht worden sind, mit Streuseln abschließen. Mit Aluminiumfolie bedeckt in den Ofen stellen und 15 Minuten backen. Die Folie entfernen und weitere 20 Minuten backen – mit einem Messer testen, ob der Kuchen gar ist: Es muss nach dem Einstechen sauber sein. Abkühlen lassen.

Mürbeteig (Seite 232)

für die Streusel:
200 g Mehl
100 g Rohrzucker
100 g Butter
120 ml Melasse
1/2 TL Natron

Chocolate Cake
Schokoladenkuchen (Arizona)

Ein einfacher Schokoladenkuchen, der aus dem Grenzgebiet zu Mexiko stammt – sehr dicht, überhaupt nicht trocken und überaus köstlich.

200 g Mehl
150 g Zucker
100 g gemahlene geröstete
  Mandeln
1 gehäufter TL Backpulver
200 ml Butter
150 g Zartbitterschokolade
1 EL ungesüßtes Kakaopulver
1 Prise gemahlene Vanille
1 Prise gemahlener Zimt
2 Eier
200 ml Buttermilch

für den Guss:
4 EL Butter
150 g Zartbitterschokolade
1 EL ungesüßtes Kakaopulver
1 Prise gemahlener Zimt
1 Prise gemahlene Vanille
3 EL Sahne

Den Backofen auf 180° C vorheizen. Mehl, Zucker, Mandeln, 1 TL Salz und Backpulver in eine Schüssel geben. In einem Topf Butter und Schokolade mit Kakao, Vanille und Zimt in 150 ml Wasser zerlassen und rühren, bis alles gut vermengt ist. Den Topf vom Herd nehmen, die trockenen Zutaten einrühren. Eier und Buttermilch verschlagen und zugeben.

Die Mischung in eine Springform (24 cm Durchmesser) füllen und 30 Minuten backen – mit einem Messer testen, ob der Kuchen gar ist: Es muss nach dem Einstechen sauber sein. Herausnehmen und abkühlen lassen. Für den Guss Butter, Schokolade und Kakao im Wasserbad zerlassen. Die übrigen Zutaten zugeben. Den Kuchen damit bestreichen und kalt stellen.

Sponge Cake
Biskuitkuchen (All American)

Ein Sponge enthält kein Fett, seine Luftigkeit verdankt er den geschlagenen Eiern. Ein Verwandter des bekannten Angel Food Cake, der allerdings kein Eigelb enthält.

Den Backofen auf 180° C vorheizen. Das Mehl mit Backpulver und einer Prise Salz vermischen. Die Milch etwas erwärmen, vom Herd nehmen. Die Eier trennen, die Eigelbe mit einem Mixer schaumig schlagen. Zucker und Vanille langsam zugeben und weiterschlagen, die Zitronenschale untermischen. Die Eiweiß steif schlagen, die Hälfte unter die Eigelb-Zucker-Masse heben. Die Mehlmischung unterheben, dann das restliche Eiweiß. Mit den Eiern cremig schlagen. Die Milch unterrühren. In eine nicht eingefettete Backform, am besten eine Gugelhupfform mit glatten Seiten, geben und im Ofen bis zu 45 Minuten backen.

150 g Mehl
1 TL Backpulver
50 ml Milch
5 Eier
175 ml Zucker
1 Päckchen Vanillezucker
1 Zitrone (abgeriebene Schale)

Boston Cream Pie
Kuchen mit Vanillefüllung
und Schokoladenüberzug

*Kein Pie im traditionellen Sinne, eher ein mit Va-
nillecreme gefüllter Kuchen, der in der Version des
Bostoner Parker House Hotels mit Schokoladen-
überzug zu großer Popularität gelangte.*

1 Sponge Cake (Seite 241)

für die Füllung:
120 g Zucker
2 EL Mehl
1 EL Maisstärke
1 1/2 Päckchen Vanillezucker
300 ml Milch
2 Eier
1 EL Butter

für den Überzug:
150 g (Zartbitter-)Schokolade
2 EL Butter

Für die Füllung die trockenen Zutaten miteinander vermischen, in einen Topf geben und die
Milch einrühren. Die Mischung erwärmen und
so lange rühren, bis sie leicht kocht und dick
wird, dann den Topf vom Herd nehmen. Die
Eier in einer Schüssel verschlagen, etwas von
der warmen Milchmischung einrühren. Diese
Mischung zurück in den Topf geben, auf den
Herd stellen und bei kleinster Hitze 2 Minuten
rühren. Den Topf vom Herd nehmen, die Butter unterrühren und abkühlen lassen.
Für den Überzug Schokolade und Butter in
50 ml Wasser im Wasserbad zum Schmelzen
bringen.
Den Sponge Cake in einer Springform backen.
Nach dem Abkühlen horizontal in zwei Hälften
schneiden, auf der unteren die Creme verteilen.
Die zweite Kuchenhälfte daraufsetzen und mit
Schokoladenguss überziehen. Vor dem Servie-
ren kalt stellen, bis der Guss fest geworden ist.

Variante: Washington Pie
Den Boden mit Himbeermarmelade statt mit
Creme bestreichen.

Pineapple Upside-Down Cake
Auf den Kopf gestellter Ananaskuchen
(Hawaii)

1899 machte sich ein junger Absolvent der Harvard University auf nach Hawaii, wo er anfing, Ananas in Dosen zu verpacken – die Hawaii Pineapple Company war geboren. Später nach ihrem Gründer umbenannt, heißt sie bis heute Dole. In den 20er Jahren veranstaltete die Firma einen Ananas-Rezeptwettbewerb. Von den 6000 eingegangenen Rezepten entfielen 2500 auf Pineapple Upside-Down Cake. Traditionell wird der Kuchen mit runden, eingemachten Ananasscheiben und einer Cocktailkirsche in der Mitte belegt. Hat man frische Ananas oder Stücke aus der Dose, kann man sie blumenförmig arrangieren. Und wer wie ich keine Cocktailkirschen mag, kann frische oder eingemachte nehmen, was allerdings nicht ganz so farbenprächtig ist.

Für den Belag in einer runden Backform Butter mit Zucker bei schwacher Hitze zerlassen, leicht karamellisieren lassen. Die Ananas dekorativ in der Backform arrangieren, mit Nüssen und Kokosflocken bestreuen.
Die trockenen Zutaten miteinander vermischen. In einem Topf die Butter zerlassen, vom Herd nehmen, die Milch zugießen und das Ei hineinschlagen. Mit den trockenen Zutaten verrühren und in die Form über den Belag gießen. Bei 350° C 30 Minuten backen.
Kurz abkühlen lassen, stürzen und möglichst noch warm servieren.

225 g Mehl
140 g Zucker
2 TL Backpulver
1 Prise gemahlene Vanille
3 EL Butter
150 ml Milch
1 Ei

für den Belag:
2 EL Butter
80 g Rohrzucker
1 Dose Ananas in Scheiben
gehackte Macademianüsse
Kokosflocken

New York Cheese Cake
Käsekuchen (Ostküste)

mehrere Stunden vorher
beginnen

Krümelteig, vorgebacken
(Seite 232)
1 kg Frischkäse
300 g Zucker
2 EL Maisstärke
1 Prise gemahlene Vanille
6 Eier
75 ml Sahne

Den Backofen auf 150° C vorheizen. Alle Zutaten zu einer Creme vermischen. In die Springform mit dem Boden füllen und im Ofen anderthalb Stunden backen, bis der Kuchen in der Mitte fast fest ist, wenn er gerüttelt wird. Herausnehmen und bei Zimmertemperatur eine Stunde abkühlen lassen, bevor man ihn aus der Form nimmt. Vor dem Servieren drei Stunden im Kühlschrank kalt stellen.

Pound Cake
Pfundskuchen (All American)

Die Idee eines Pound Cake ist denkbar einfach: Man nehme von jeder Zutat ein Pfund, zumindest von den wichtigen (Mehl, Butter, Eier, Zucker). Allerdings ergibt das einen recht gewaltigen und recht süßen Kuchen, daher hier eine abgespeckte Variante.

250 g Butter
150-200 g Zucker
5 Eier
250-300 g Mehl
1 TL Backpulver
1 Päckchen Vanillezucker

Butter und Zucker schaumig rühren. Die Eier trennen, die Eigelbe nacheinander unterziehen. Das Mehl mit Backpulver, Vanille und einer Prise Salz vermischen und in die Butter-Zucker-Mischung geben. Das Eiweiß steif schlagen und unterheben.
Den Backofen auf 170° C vorheizen. Eine Kastenform ausbuttern, mit dem Teig füllen und etwa eineinviertel Stunde backen.
Abkühlen lassen, bevor man ihn aus der Form nimmt – heiße Backwaren haben die Tendenz, leichter zu zerfallen.

Carrot Banana Bread
Möhren-Bananen-Brot (All American)

Mehl, Backpulver, Zucker und Nüsse verrühren. Die Möhren raspeln, die Bananen zerdrücken und beides hinzufügen. Eier und Butter cremig schlagen und langsam unterrühren. In eine eingefettete Kastenform geben und im Ofen bei 180° C etwa 45 Minuten backen – mit einem Messer testen, ob der Kuchen gar ist: Es muss nach dem Einstechen sauber sein.

Variante
Statt Walnüssen kann man Kokosflocken nehmen.

250 g Mehl, gerne mit einem
Teil Vollkornmehl
2 TL Backpulver
150 g Rohrzucker
50 g gehackte Walnusskerne
250 g Möhren
2 möglichst reife Bananen
2 Eier
150 g weiche Butter

Cream Cheese Icing
Frischkäseglasur (All American)

Käse und Puderzucker in gleicher Menge verrühren, bis die Masse cremig ist, einen Spritzer Zitronensaft zugeben. Den Kuchen damit bestreichen und fest werden lassen.

Doppelrahmfrischkäse
Puderzucker
Zitronensaft

7 Minute Icing
Guss für einen Geburtstagskuchen

Ein typisch amerikanischer Geburtstagskuchen mit richtig kitschigem Zuckerguss. Sie können jeden beliebigen Kuchen mit glatter Oberfläche damit besteichen.

2 Eiweiß
350 g Zucker
5 EL Wasser
1/4 TL Weinsteinsäure

Eine Metallschüssel über einen Topf mit kochendem Wasser hängen – sie darf das Wasser aber nicht berühren. Alle Zutaten hineingeben und mit einem Schneebesen 7 Minuten schlagen, bis die richtige Konsistenz erreicht ist, um den Kuchen damit zu bestreichen – mit einem elektrischen Handmixgerät reichen 4 Minuten. Wenn Sie es bunt mögen, geben Sie ein paar Tropfen Chemie in Form von Lebensmittelfarbe dazu. Der Zucker in diesem Guss ist garantiert schädlicher als die Farbe – und Geburtstag nur einmal im Jahr.

Rezeptregister

249

Stichwortregister

Die kursiven Seitenangaben verweisen auf Texte, die den Begriff erläutern,
die übrigen auf Rezepte, in denen diese Zutat eine wichtige Rolle spielt.